U0512475

《上海市预防未成年人犯罪条例》

本书编写组　编

上海人民出版社

编 写 说 明

未成年人是祖国的未来、民族的希望，预防未成年人犯罪关系千万家庭的幸福安宁与社会和谐稳定。《上海市预防未成年人犯罪条例》（以下简称《条例》）已由上海市第十五届人大常委会第三十九次会议表决通过，自2022年3月1日起施行。《条例》是本市预防未成年人犯罪领域第一部地方性法规，共八章六十条。在新形势下，《条例》结合上海实际，总结社会力量参与预防未成年人犯罪工作的优秀经验，增设“预防支持体系”一章，体现了上海地方特色，对于进一步推动本市预防未成年人犯罪工作向纵深发展，具有十分重大的意义。

上海是全国最早探索预防未成年人犯罪工作的省市之一，并取得了一定成果。为进一步固化已有工作成果，应对新形势下预防未成年人犯罪工作的新挑战，在《条例》的基础上，在上海市人大社会建设委员会指导下，共青团上海市委员会、上海市青少年服务和权益保护办公室组织有关专家学者共同编写了《〈上海市预防未成年人犯罪条例〉释义》，使社会各界能够准确理解和把握《条例》精神，了解本市预防未成年人犯罪工作的制度安排，保障《条例》贯彻实施。

本书力求准确、详尽、通俗地阐述《条例》相关内容，但因时间和水平有限，不妥与疏漏之处在所难免，敬请广大读者批评指正。

本书编写组

2024年2月

目　录

第一部分

释　　义

第一章　总　　则

第一条　为了保障未成年人身心健康，培养未成年人良好品行，有效预防未成年人违法犯罪，根据《中华人民共和国预防未成年人犯罪法》以及其他相关法律、行政法规，结合本市实际，制定本条例。

【释义】　本条是关于立法目的和立法依据的规定。

习近平总书记多次指出："今天的少年儿童是强国建设、民族复兴伟业的接班人和未来主力军。"我国历来高度重视对未成年人犯罪的预防工作，1979 年 8 月，中共中央转发了中宣部、共青团中央等八个单位《关于提请全党重视解决青少年违法犯罪问题的报告》，1985 年 10 月，中共中央印发了《关于进一步加强青少年教育预防青少年违法犯罪问题的通知》；党的二十大报告明确要求"加强和改进未成年人思想道德建设""保障妇女儿童合法权益"。在立法层面，1954 年《宪法》、1979 年《刑法》和《刑事诉讼法》等法律中都有关于未成年人的专门规定。1987 年《上海市青少年保护条例》的通过，则是我国未成年人领域专门立法的肇始。随着 1999 年全国《预防未成年人犯罪法》的出台，预防未成年人犯罪工作自此有法可依。在实践层面，1984 年上海市长宁区人民法院"未成年人刑事案件合议庭”成立，1986年上海市长宁区人民检察院成立专门的“少年起诉组”，同年，上海市长宁区公安分局建立“少年科”。此后，上海在预防未成年人犯罪的探索中取得了一定突破，也积累了有益经验。其中，社会调查、合适成年人、附条件不起诉、侵害未成年人强制报告等多项制度也相继被《刑事诉讼法》《预防未成年人犯罪法》等吸纳。2020年《预防未成年人犯罪法》修订时将“保障未成年人身心健康”作为立法的首要目的，为贯彻落实上位法，还需要进一步出台配套的地方性法规，进一步贯彻落实上位法的基本精神和制度设计，增强其可操作性和明确性。因此，此次《条例》的出台，既是对预防未成年人犯罪工作新出现的热点、疑点和难点的回应，也结合上海地方实际对上位法进行了细化，尤其是对上海多年预防未成年人犯罪工作的探索经验予以固化，体现了鲜明的上海特色。

一、立法目的

《条例》的立法目的包括三个方面，这三个方面相互联系、密不可分，并在后续各章的条文规定中均有体现。

（一）保障未成年人身心健康

习近平总书记指出：“全社会都要关心少年儿童成长，支持少年儿童工作。对损害少年儿童权益、破坏少年儿童身心健康的言行，要坚决防止和依法打击。”身心健康是未成年人成长发展的第一要素。未成年人身心发展的不成熟性、社会经验的欠缺性以及自我保护能力的有限性等，决定了未成年人很容易遭受外界的不法侵害，甚至从受害者演变为加害者，因而需要重点保护。因此，《条例》立足未成年人成长发展，依法保障未成年人身心健康。

（二）培养未成年人良好品行

良好品行的养成有利于预防未成年人犯罪。未成年人工作的开展要坚持立德树人，扎根时代生活，遵循美育特点，帮助未成年人树立正确的世界观、人生观和价值观。积极引导广大未成年人培育和践行社会主义核心价值观，弘扬社会公德、家庭美德，注重个人品德培育，增强社会主义道德意识和法治意识，使未成年人养成良好的行为习惯，做遵纪守法的好公民。同时，要从日常学习、生活、交往等方面注意未成年人的心理、行为变化，及时发现不良倾向并予以早期干预。

（三）有效预防未成年人违法犯罪

预防未成年人犯罪地方性法规的制定应当始终以提高预防犯罪工作的有效性为目的。上海在预防未成年人犯罪方面作出过多项制度探索，尤其是“司法一条龙”和“社会一条龙”的配合衔接，切实提高了预防犯罪的有效性，有效帮助涉罪未成年人回归社会。值得一提的是，《条例》体现了提前干预的思想，通过对未成年人不良行为的及时介入以及监测预警机制的构建，实现预防窗口的前移。

二、立法依据

《条例》的立法依据主要体现在三个方面:

(一)《宪法》

1954 年 9 月 20 日,第一届全国人民代表大会第一次会议通过了《宪法》,后 1975 年、1978 年和 1982 年又通过三个《宪法》,现行《宪法》为 1982 年《宪法》,并经历了五次修订。《宪法》第 49 条明确规定“儿童受国家的保护”,具体包括生命健康权、人身自由权、姓名权、肖像权、名誉权、财产所有权、财产继承权等。第 46 条规定“国家培养青年、少年、儿童在品德、智力、体质等方面全面发展”。因此,在预防犯罪方面,根据《宪法》,国家既鼓励、培养未成年人健康发展、远离犯罪,又在未成年人受到侵害时切实保护其各项合法权益。

(二)《预防未成年人犯罪法》

1999 年 6 月 28 日,第九届全国人民代表大会常务委员会第十次会议通过了《预防未成年人犯罪法》,开创了从不良行为、严重不良行为到犯罪行为的罪错未成年人分级预防的立法思路,并确立了不良行为干预、严重不良行为矫治和重新犯罪预防的制度设计。《条例》在体例结构、核心概念界定(如不良行为、严重不良行为等)及保护处分设置上基本沿用了《预防未成年人犯罪法》的模式。同时,在社会支持体系、责任主体划分、协调机制确定等方面作出了一定的创新,体现了以上位法为依据、以解决地方实际问题为导向的立法思路。

（三）其他相关法律、行政法规

因预防犯罪工作可能涉及部分人身自由限制措施，属于法律保留，因此《条例》的起草受到《刑法》《刑事诉讼法》《个人信息保护法》《治安管理处罚法》等法律的指引，符合相关法律的规定。同时，在不良行为干预和严重不良行为矫治的部分条款中还充分遵循了《教育法》《家庭教育促进法》等法律的规定。另外，在行政法规、规章方面，教育、广播、网信等领域的相关法规、规章同样是《条例》的立法依据。

第二条 本市行政区域内未成年人犯罪的预防，适用本条例。

【释义】 本条是关于《条例》适用范围的规定。

法律法规的适用范围，主要包括时间效力、空间效力和对人效力。在时间效力方面，《条例》第 60 条已有规定，即自 2022 年 3 月 1 日起施行。本条主要是关于空间效力和对人效力方面的规定。

一、空间效力

本市行政区域内，主要是指上海市行政区划内。行政区划是国家为便于行政管理而分级划分的区域。行政区划应当保持总体稳定，必须变更时，应当本着有利于社会主义现代化建设、有利于推进国家治理体系和治理能力现代化、有利于行政管理、有利于民族团结、有利于巩固国防的原则，坚持与国家发展战略和经济社会发展水平相适应、注重城乡统筹和区域协调、推进城乡发展一体化、促进人与自然和谐发展的方针，制定变更方案，逐级上报审批。截至2022年12月31日，上海市共设16个区、107个街道、106个镇、2个乡，在此行政区域范围内的所有预防未成年人犯罪工作，都应遵循《条例》的规定。

二、对人效力

预防未成年人犯罪工作中的未成年人，是未满十八周岁的人。相较于成年人，未成年人的辨识能力与控制能力较为欠缺，容易作出轻率、冲动的行为，且人生观、世界观、价值观尚未稳固，更易受到外界环境的影响。因此，未成年人是预防犯罪工作的重点对象。而就“成年”的年龄而言，各国通常以生理年龄作为是否成年的标准，标准也不尽相同。但是，联合国《儿童权利公约》第1条规定，儿童系指十八周岁以下的任何人。我国已经加入《儿童权利公约》，且《民法典》第17条同样规定：“十八周岁以上的自然人为成年人。不满十八周岁的自然人为未成年人。”因此，预防未成年人犯罪工作中的未成年人应当是未满十八周岁的人。

另外，需要注意的是，尽管条文写的是未成年人“犯罪”的预防，但基于早期干预、提前预防的理念，对于未成年人的不良行为、严重不良行为等同样要开展预防工作，通过加强家庭、社区和学校的教育，防止未成年人违法犯罪。同时,未成年人的不良行为、严重不良行为和犯罪行为应当发生在本市行政区域内,但是并不要求未成年人为本市户籍。

第三条 预防未成年人犯罪,立足于教育和保护未成年人相结合,采用符合未成年人生理、心理特点和行为特征的方式,进行分级预防、早期干预、科学矫治、综合治理。

【释义】 本条是关于预防未成年人犯罪工作理念、原则和方式方法的规定。

未成年人保护及犯罪预防工作是一个国家文明化和法治化的重要标尺。近年来,我国罪错未成年人干预越来越强调“提前干预、以教代刑”,改变传统成人刑事司法中的威慑主义和报应主义,取而代之的是“六字方针”与“八字原则”,即《刑事诉讼法》第 277 条规定的“实行教育、感化、挽救的方针,坚持教育为主、惩罚为辅的原则”。

一、预防未成年人犯罪工作的理念和原则

一是将严重不良行为的干预纳入工作体系中,体现提前干预的理念;二是对罪错未成年人更多地适用保护处分,以教代刑。同时,在预防未成年人犯罪的始终,都应当坚持最有利于未成年人原则,保护未成年人的合法权益。《未成年人保护法》第 4 条规定:“保护未成年人,应当坚持最有利于未成年人的原则。处理涉及未成年人事项,应当符合下列要求……(六)保护与教育相结合。”

二、预防未成年人犯罪工作的方式方法

预防未成年人犯罪工作的方式方法主要包括以下两个方面：

（一）采用符合未成年人生理、心理特点和行为特征的方式

一方面，未成年人不同于成年人，他们在生理、心理上具有自身突出的特点。在生理方面，未成年人的身体发育速度快、幅度大，各项器官渐趋成熟，未成年人会更加渴望被认同，也会产生更多的欲望。这种生理变化使他们在适应社会时常遇到困惑与不安，若不能及时加以保护与引导，在外界不良因素的影响和诱惑下，很容易导致人格、心灵的扭曲，甚至违法犯罪。因此，预防未成年人犯罪工作应当结合未成年人的生理特点，采用更加柔和、循循善诱的方式来弥补教育的失职，而不是与未成年人"硬碰硬"，甚至简单地将未成年人"一罚了之"。所以，《条例》鼓励监护人、学校及相关主体顺应未成年人的生理发育变化，履行好监护和教育职责，更加有效地预防未成年人犯罪。

另一方面，未成年人独立意识刚刚产生，情感色彩强烈，较之成年人更易冲动、急躁，在行为特征上体现出冲动性、天真性和趋利性。同时，未成年人心理特点十分复杂，心理调节能力较弱，容易受到外界的影响，一旦受到他人的挑唆或不良传播，可能会走上违法犯罪的道路。因此，在预防未成年人犯罪工作中，需要及时掌握未成年人的心

理状况，科学研判，采取针对性的干预措施。例如，人民法院在新时期未成年人司法制度改革中就要求完善未成年人案件审判制度和机构设置，推行适合未成年人生理特点和心理特征的案件审理方式及刑罚执行方式的改革。其中，心理评测报告就是对涉案未成年被告人的人身危险性和再犯可能性等发展趋势作出的科学测评，能够及时发现未成年被告人的心理问题，准确掌握其犯罪动机，引导其自我反思，克服心理障碍，学会不良心理调适和不良行为调整，提出专业化的帮教矫治意见和措施，帮助未成年被告人积极接受教育改造，顺利回归社会。

（二）进行分级预防、早期干预、科学矫治、综合治理

预防未成年人犯罪工作，在方法上采用分级预防、早期干预、科学矫治、综合治理。其中：

1. 分级预防是对未成年人罪错行为科学分级，分别开展相应的预防工作。2020 年《预防未成年人犯罪法》修订时将未成年人罪错行为分为三类：不良行为、严重不良行为和犯罪行为，尤其是对严重不良行为予以扩张，将未成年人实施的有刑法规定、因不满法定刑事责任年龄不予刑事处罚的行为纳入严重不良行为的范畴中。针对不良行为、严重不良行为和犯罪行为，预防主体和预防措施均有差异。不良行为以监护人和学校的管理教育为主；严重不良行为以公安机关的矫治教育和学校（含专门学校）的管理教育为主；犯罪行为则主要由司法机关组织开展针对性

的再犯预防。

2. 早期干预是当未成年人出现不良行为或严重不良行为时，提前进行必要的干预与帮扶，避免其堕入犯罪深渊。我国传统刑事司法对于未成年人的早期罪错以及低龄未成年人犯罪问题曾缺乏必要的干预手段，一般仅交由监护人“严加管教”，直到其进一步恶化至犯罪并达到刑事责任年龄后，才纳入成年人刑事司法制度中进行刑事处罚。《条例》坚持对未成年人罪错行为进行早期干预，当不良行为出现时即可以施以训导、参加专题教育、参加校内服务及社工行为干预等措施；而当严重不良行为出现时，则由公安机关予以训诫、责令参加社会服务、责令接受社会观护，或送入专门学校接受专门教育，从而对未成年人进行必要的行为矫正。

3. 科学矫治是对罪错未成年人采用适合其身心特点的矫治手段，提升预防犯罪的有效性。2020 年《预防未成年人犯罪法》的修订建构起了涉罪未成年人保护处分体系，此次《条例》的制定，继续丰富未成年人矫治手段，主要包括对不良行为未成年人的参加特定专题教育、参加校内服务活动等，对严重不良行为未成年人的责令定期报告活动情况、责令遵守特定的行为规范，不得实施特定行为、接触特定人员或者进入特定场所，责令参加社会服务活动、责令接受社会观护、开展专门矫治教育等，以及对被执行刑罚的未成年人的分别管理、分别教育和分别进行。尤其是在专门学校收生程序中，加入了专门教育指导委员会的评估程序，切实增强了矫治教育的科学性。

4. 综合治理是对未成年人犯罪实行综合治理。即在各级党委和政府领导下，充分发挥各相关部门、单位和人民群众的力量，综合运用政治、经济、行政、法律、文化、教育等多种手段，通过加强打击、防范、教育、管理、建设、改造等方面的工作，实现从根本上预防和治理未成年人违法犯罪。

第四条 市、区人民政府在预防未成年人犯罪方面履行下列职责：

（一）制定预防未成年人犯罪工作规划，将预防未成年人犯罪工作纳入同级国民经济和社会发展规划，相关经费列入同级财政预算；

（二）推进实施预防未成年人犯罪相关法律、法规、规划、计划，制定完善相关政策，组织开展检查、监测评估和考核；

（三）建立健全预防未成年人犯罪工作支持体系；

（四）组织开展预防未成年人犯罪宣传教育；

（五）其他预防未成年人犯罪工作职责。

乡镇人民政府和街道办事处按照本条例规定，建立健全预防未成年人犯罪工作协调制度，定期召开专题会议，掌握基础数据，建立重点个案研究和快速处置机制，保障专门工作和项目经费，整合各方资源，做好本辖区内的预防未成年人犯罪工作。

【释义】 本条是关于预防未成年人犯罪各级政府职责的规定。

预防未成年人犯罪是一项系统性工程，也是全社会的共同责任。《预防未成年人犯罪法》第4条第2款在规定“国家机关、人民团体、社会组织、企业事业单位、居民委员会、村民委员会、学校、家庭等各负其责、相互配合，共同做好预防未成年人犯罪工作，及时消除滋生未成年人违法犯罪行为的各种消极因素，为未成年人身心健康发展创造良好的社会环境”的同时，于第1款强调了“预防未成年人犯罪，在各级人民政府组织下，实行综合治理”。可见，政府是预防未成年人犯罪的重要主体。因此，本条对本市各级人民政府在预防未成年人犯罪方面的职责进行规定，具体包括：

一、市、区两级人民政府职责

（一）制定预防未成年人犯罪工作规划，将预防未成年人犯罪工作纳入同级国民经济和社会发展规划，相关经费列入同级财政预算

国民经济和社会发展规划是全国或者某一地区经济、社会发展的总体纲要，是具有战略意义的指导性文件，统筹安排和指导全国或某一地区的社会、经济、文化建设工作。本市应当积极制定预防未成年人犯罪工作规划，并秉持最有利于未成年人原则，将预防未成年人犯罪各项发展

指标纳入经济和社会发展总体规划中统一部署，同步实施。同时，应当保证预防未成年人犯罪工作的经费投入，将相关经费列入同级财政预算，建立稳定的经费保障机制。

（二）推进实施预防未成年人犯罪相关法律、法规、规划、计划，制定完善相关政策，组织开展检查、监测评估和考核

预防未成年人犯罪相关法律主要包括《预防未成年人犯罪法》《刑法》《刑事诉讼法》《治安管理处罚法》《社区矫正法》《禁毒法》《未成年人保护法》等，相关法规主要包括《中小学教育惩戒规则(试行)》《广播电视管理条例》《互联网上网服务营业场所管理条例》《未成年犯管教所管理规定》以及《条例》等，还包括相关规划如《中长期青年发展规划(2016—2025 年)》等，相关计划如“重点青少年群体摸底大调研”等，应当积极推进实施上述内容，制定配套政策，并通过检查、监测等多种监督方式对实施效果进行评估。

（三）建立健全预防未成年人犯罪工作支持体系

预防未成年人犯罪工作的早期阶段，司法机关基于需要，主动包揽涉罪未成年人的案外工作，如涉罪未成年人的心理评估、社会调查、考察帮教等。随着我国未成年人司法制度的发展，司法机关逐步向整合社会资源转化，预防未成年人犯罪工作的社会支持体系开始搭建。《条例》

的一大亮点就是将预防犯罪的支持体系单独成章，要求建立健全标准引领、专业保障、基层联动、社会协同、公众参与的预防未成年人犯罪工作支持体系，提高预防未成年人犯罪工作的专业化、社会化、智能化水平。

（四）组织开展预防未成年人犯罪宣传教育

预防未成年人犯罪宣传教育可以提高未成年人是非分辨能力、自我保护意识和遵纪守法观念，逐步增强未成年人的法治素养，有效预防和减少未成年人违法犯罪。市、区两级人民政府各部门应当以学生欺凌、网络诈骗、性侵防护等热点案件为切入点，通过法治宣讲、电视广播、地铁广告等多种形式，让预防未成年人犯罪的宣传教育进校园、进社区、进家庭，切实提高未成年人的法律意识，帮助他们学法用法守法，远离违法犯罪，更好地保护自己的权益。

（五）其他预防未成年人犯罪工作职责

本项属于兜底项。除了以上列举的四项预防未成年人犯罪工作的具体职责外，法律规定不可能穷尽所有情形，且随着经济社会的不断发展，政府在预防未成年人犯罪方面的职责也会不断地发生变化，故本条作了兜底规定。

二、乡镇人民政府和街道办事处职责

随着社会治理重心不断向基层下移，乡镇人民政府和街道办事处在预防未成年人犯罪工作中的地位与作用也愈发重要。具体而言,乡镇人民政府和街道办事处职责主要有六项:一是建立健全预防未成年人犯罪工作协调制度。协调制度的构建主要包括两个方面,一方面是各内设机构间的协调制度,如社会治安综合管理科、社会保障管理科与宣传科之间就预防未成年人犯罪工作的协调;另一方面是乡镇人民政府、街道办事处与区政府和所在地区司法机关间的协调制度的构建。二是定期召开专题会议。专题会议的主题包括但不限于预防未成年人犯罪工作计划的制定与发布、社会支持体系构建、疑难个案研讨以及对预防未成年人犯罪相关法律法规的集中学习等。三是掌握基础数据。预防未成年人犯罪工作的相关基础数据包括经费投入情况、辖区内重点青少年群体排摸情况、辖区派出所未成年人案件数量、辖区内预防未成年人犯罪法治宣讲情况、司法社工队伍建设与服务数量等。四是建立重点个案研究和快速处置机制。例如,乡镇人民政府和街道办事处可以通过建立专家顾问团等形式,对辖区内发生的个案进行科学研判,并建立未成年人罪错行为的预防、发现、研判、处置、跟踪、回访等处置机制。五是保障专门工作和项目经费。近年来,各街镇依托辖区派出所、学校和相关社会组织等,实施了如困境未成年人支持、社工联校驻校、校园法治宣讲等一系列优秀项目,为预防未成年人犯罪工作作出了重要贡献。未来,乡镇人民政府和街道办事处应当继续保障各项专门工作及其经费支持。六是整合各方资源。预防未成年人犯罪是一项系统性工程，仅靠司法机关和政府部门远远不够。作为扎根在基层的乡镇人民政府和街道办事处，应当积极链接社会资源，形成预防合力，共同做好本辖区内的预防未成年人犯罪工作，例如，可邀请辖区内企事业单位、社会组织作为涉罪未成年人观护基地。

第五条 公安机关依法办理涉及未成年人违法犯罪案件，对实施不良行为、严重不良行为以及犯罪的未成年人进行教育、干预和矫治。

司法行政部门负责违法犯罪未成年人的教育管理、矫治和安置帮教工作。

教育部门负责在校未成年人的预防犯罪工作。

民政部门负责统筹、协调未成年人保护工作，会同有关部门支持、培育和引导社会力量参与预防未成年人犯罪工作。

文化旅游、市场监督管理、网信、卫生健康、新闻出版、电影、广播电视等有关部门按照各自职责，共同做好预防未成年人犯罪工作。

【释义】 本条是关于政府相关部门在预防未成年人犯罪方面的主要职责。

长期以来，在市委、市政府的坚强领导下，各级政府相关部门分工配合，共同承担预防未成年人犯罪工作。《条例》出台后，对政府各部门具体的职责进一步予以细化和

明确,其中:

一、公安机关在预防未成年人犯罪方面的职责

公安机关是最早接触未成年人违法犯罪的部门,其工作内容直接决定了行为人教育矫治的成效,具体而言,公安机关在预防未成年人犯罪方面的职责包括:

一是依法办理涉及未成年人违法犯罪案件。《人民警察法》第6条明确规定:"公安机关的人民警察按照职责分工,依法履行下列职责:(一)预防、制止和侦查违法犯罪活动……"其中,违法犯罪活动包括成年人违法犯罪活动和未成年人违法犯罪活动。在办理案件过程中,公安机关应当严格执行合适成年人、社会调查、法律援助、社会观护、合适保证人等制度。同时,《条例》特别要求,市、区公安机关应当确定专门机构,指导、监督和管理未成年人保护及预防未成年人犯罪工作。公安派出所应当安排熟悉未成年人身心特点的专门人员负责预防未成年人犯罪及相关案件的办理工作。

二是对实施不良行为、严重不良行为以及犯罪的未成年人进行教育、干预和矫治。公安机关对实施不良行为的未成年人及时制止、对其进行法治教育,并督促其父母或者其他监护人依法履行监护职责,如接到未成年人夜不归宿、离家出走、流落街头、出入未成年人不适宜进入的场所等情形的报告,应当及时采取有效保护措施,并通知监护人、学校或护送至救助保护机构。公安机关对实施严重不良行为的未成年人应当及时制止，依法调查处理，并根据具体情况采取训诫、责令赔礼道歉、责令具结悔过、责令定期报告活动情况等矫治教育措施，对严重危害社会或触犯刑法但未达刑事责任年龄的未成年人，经法定程序可以会同教育行政部门将其送入专门学校接受专门教育或专门矫治教育。公安机关对涉嫌违法犯罪的未成年人，应当采用适合未成年人身心特点的特殊办案制度和措施，严格落实《刑事诉讼法》《预防未成年人犯罪法》以及《条例》的有关规定。

二、司法行政部门在预防未成年人犯罪方面的职责

本市司法行政部门主要承担全面依法治市、法治政府、法律服务、监狱戒毒矫正和普法依法治理等工作。在预防未成年人犯罪方面，司法行政部门在开展下述工作时应注重未成年人的教育管理、矫治和安置帮教：一是监所矫治与管理，如对未管所内的未成年犯综合运用普通教育和职业教育等手段开展教育、感化、挽救工作；二是社区矫正，如根据矫正对象的案情、刑期、心理特点和改造表现，制定个性化矫治方案，加强法治教育、心理健康教育、文化教育和相应的职业教育；三是安置帮教，如对刑满释放和解除社区矫正的未成年人开展扶助、教育、服务等安置帮教活动。

三、教育部门在预防未成年人犯罪方面的职责

教育行政部门为政府对教育事业进行组织领导和管

理的机构或部门,本市教育行政部门为上海市教育委员会和各区教育局。教育部门负责在校未成年人以下预防未成年人犯罪工作:一是组织学校在日常教学工作中开展预防犯罪教育;二是组织学校开展道德法治、心理健康、网络安全、青春期健康、防毒禁毒、自我保护等教学活动;三是联合司法行政部门协调公安机关、人民检察院、人民法院等,选派中小学校法治副校长、法治辅导员;四是配合共青团指导学校探索青少年事务社会工作者驻校或者联系学校工作机制;五是落实专门教育相关制度,负责专门教育发展规划,组织专门学校入校和离校评估,出具(或会同公安机关出具)送入专门学校接受专门教育的决定,以及研究确定专门学校教育管理等相关工作;六是落实刑释解矫和接受社区矫正的义务教育阶段未成年人的就学工作。

四、民政部门在预防未成年人犯罪方面的职责

本市设立上海市未成年人保护委员会办公室,办公室常设在市民政局,负责统筹、协调、督促和指导有关部门、单位、组织,在各自职责范围内做好未成年人保护工作,会同有关部门支持、培育和引导社会力量参与预防未成年人犯罪工作。具体而言包括两个方面:

一是统筹、协调未成年人保护工作。2020 年《未成年人保护法》修订时,一个重要的变化就是统一了未成年人保护的协调机构,其第 9 条规定:“县级以上人民政府应当建立未成年人保护工作协调机制,统筹、协调、督促和指导有关部门在各自职责范围内做好未成年人保护工作。协调机制具体工作由县级以上人民政府民政部门承担,省级人民政府也可以根据本地实际情况确定由其他有关部门承担。"随后,《上海市未成年人保护条例》修订时在第7条明确:"市、区未成年人保护委员会办公室设在同级民政部门,承担未成年人保护委员会日常工作。"从关系上看,未成年人保护工作为未成年人提供了良好的成长环境,为部分特殊未成年人提供了及时帮扶,可以有效预防未成年人心理与行为的偏差,从而预防违法犯罪的发生。实践证明,未成年人保护和预防未成年人犯罪是一体两面、密不可分的。为此,民政部门应发挥未成年人保护委员会办公室作用,推动相关部门做好未成年人犯罪预防工作,减少未成年人犯罪的发生。

二是会同有关部门支持、培育和引导社会力量参与预防未成年人犯罪工作。《条例》设置了专章,明确建立完善预防未成年人犯罪支持体系,强化预防未成年人犯罪相关专业服务,建立基层预防网络,发挥社会各方协同参与的作用。在预防未成年人犯罪工作中,社会力量的参与主要以未成年人司法社会服务为依托,其他社会工作服务机构积极参与。社会工作服务机构等社会组织的登记、管理、培育和扶持由民政部门和相关业务主管单位、行业管理部门负责。

五、文化旅游、市场监督管理、网信、卫生健康、新闻出版、电影、广播电视等有关部门在预防未成年人犯罪方面的职责

本项是关于政府其他有关部门在预防未成年人犯罪方面职责的规定。其中：

文化旅游部门的主要职责：一是在组织本市艺术创作时，积极引导生产未成年人喜闻乐见的、体现社会主义核心价值观、具有导向性代表性示范性的文艺作品，帮助未成年人树立良好三观，养成健康人格，自觉远离违法犯罪；二是加强对文化和旅游市场的行业监管，着力打击损害未成年人身心健康的文旅产品，推进行业信用体系建设，依法规范文化和旅游市场；三是加强文化经营场所日常管理，严格查处互联网上网服务营业场所、营业性歌舞娱乐场所等的未成年人进入问题。

市场监督管理部门的主要职责：一是对本市未成年人玩具、用具开展质量安全风险监测，进行质量安全形势分析，加强风险防控。尤其对涉恐怖暴力、低俗软色情、邪教迷信的玩具、用具进行查处；二是加强本市未成年人用品安全宣传，提升对缺陷产品和违法产品的防范意识。通过发放宣传资料、设置宣传展板、悬挂宣传横幅等形式向未成年人家长或监护人宣传产品安全知识，提高未成年人自觉识别、抵制不良商品的能力，为未成年人身心健康成长营造良好环境；三是聚焦校园周边，立足市场监管职责，高度关注校园周边经营烟、酒、食品、儿童玩具、烟花爆竹等产品，严厉打击可能侵害青少年成长的违法行为。尤其对可能引起未成年人不良行为的雾化电子烟以及可能致人伤害的烟花爆竹产品等售卖场所进行查处。

网信部门的主要职责：一是依法监督网络产品和服务提供者、个人信息处理者、智能终端产品制造者和销售者等，禁止互联网传播影响未成年人健康成长的信息；二是落实国家关于未成年人上网保护软件、专门供未成年人使用的智能终端产品的相关技术标准或者要求，指导本市相关行业组织对未成年人上网保护软件、专门供未成年人使用的智能终端产品的使用效果进行评估；三是开展预防未成年人沉迷网络的宣传教育，监督检查网络产品和服务提供者履行预防未成年人沉迷网络的义务，指导家庭、学校、社会组织互相配合，采取科学、合理的方式对未成年人沉迷网络进行预防和干预；四是会同新闻出版、文化和旅游、公安、教育等部门对可能影响未成年人身心健康的信息进行提示、处置并对相关责任主体予以处罚。

卫生健康部门的主要职责：一是会同公安机关、人民检察院、人民法院、教育行政、民政等相关部门，推动“强制报告制度”落实落细，切实加强对未成年人的全面保护，及时有效惩治侵害未成年人违法犯罪。督促医务人员提高报告意识，畅通报告渠道，熟悉掌握需强制报告的情形，把好医护关口；二是加强困境儿童医疗关爱与救助保护，为困境儿童提供必要的医疗支持，帮助其提高融入社会能力，做好医疗机构滞留未成年人处置，为其提供治疗和照护；三是统筹心理服务专业力量，积极开展系列公益性心理咨询与心理健康知识科普，做好未成年人心理疏导和危机干预的技术支持，保驾护航未成年人心理健康；四是与教育部门联合，加强特殊儿童健康综合评估工作，对特殊儿童提出个性化的教育、康复、保健等意见与建议，提高特殊教育的科学性和针对性。

新闻出版部门的主要职责：一是组织、鼓励新闻出版单位创作出质量上乘、针对性强的适合未成年人阅读或以未成年人为对象的出版物，满足未成年人的精神文化生活的需要。对出版专门以未成年人为对象的图书、报纸、期刊、音像制品等出版物，提供政策上的扶持，以鼓励和促进未成年人出版事业的发展；二是严格把控以未成年人为对象的报纸、期刊、图书、音像制品、电子出版物等，积极查处含有诱发未成年人违法犯罪以及渲染暴力、色情、赌博、恐怖活动等危害未成年人身心健康内容的出版物，并依法处以相应的行政处罚；三是规范网络游戏服务，引导网络游戏企业切实把社会效益放在首位，有效遏制未成年人沉迷网络游戏、过度消费等行为，保护未成年人身心健康成长。

广播电视部门的主要职责：会同有关部门，对电视、广播、网络视听节目服务机构进行管理。监督管理、审查广播电视节目、网络视听节目的内容和质量，为未成年人营造健康有序的广播电视环境。

以上各部门相应职责还包括其他与预防未成年人犯罪相关的法定职责。

第六条 人民检察院履行检察职能，依法办理涉及未成年人的犯罪案件，并对涉及未成年人案件的立案、侦查和审判等诉讼活动以及未成年人重新犯罪预防工作等进行监督。

人民法院履行审判职能，依法审理涉及未成年人的犯罪案件。

【释义】 本条是关于人民检察院和人民法院在预防和惩处涉未成年人犯罪方面的职责。

人民检察院和人民法院作为司法机关依法独立行使检察权和审判权，不受任何行政机关、社会团体和个人的干涉。在办理涉未成年人案件的过程中，人民检察院和人民法院的职责分别为：

一、人民检察院

（一）履行检察职能，依法办理涉及未成年人的犯罪案件（含侵害未成年人犯罪案件）

具体包括：一是对公安机关提请批准逮捕的涉未成年人犯罪案件进行审查，决定是否批准逮捕。二是对公安机关移送审查起诉的涉未成年人犯罪案件进行审查，作出提起公诉、不起诉或附条件不起诉的决定。三是对办理案件中发现漏捕、漏诉的，提出追捕、追诉建议。四是对提起公诉的案件，派员出庭支持公诉，并对未成年被告人做好庭审教育。对拟不起诉或附条件不起诉的未成年犯罪嫌疑人进行考察帮教等。五是对涉罪未成年人开展社会观护、矫治教育。对未成年被害人开展综合保护，避免其因遭受犯罪侵害导致身心受损，参与违法犯罪。六是开展法治宣传教育，积极参与社会综合治理，预防和减少未成年人犯罪。

（二）对涉及未成年人案件的立案、侦查和审判等诉讼活动以及未成年人重新犯罪预防工作等进行监督

我国《宪法》明确规定："中华人民共和国人民检察院是国家的法律监督机关。"人民检察院依法行使法律监督权。其中，立案监督即对公安机关应当立案而未立案情况，以及对于公安机关不应当立案而立案情况的监督；侦查监督即对公安机关涉及未成年人犯罪案件的侦查活动依法进行监督；审判监督即对人民法院审理涉及未成年人犯罪案件的审判活动进行监督。人民检察院对涉及未成年人诉讼活动等进行监督，还包括对涉及未成年人民事、行政案件的审判和执行活动进行监督，对侵害未成年人公共利益的违法行为依法开展公益诉讼。人民检察院对重新犯罪预防工作的监督包括对涉及未成年人刑罚执行、刑事强制措施执行活动进行监督，对有关单位落实《预防未成年人犯罪法》、对有不良行为和严重不良行为的未成年人开展分级干预等活动的监督。

二、人民法院

人民法院履行审判职能，依法审理涉未成年人刑事案件。

（一）对未成年人刑事案件实施集中管辖

即在全市十六个基层法院中确定四个工作基础好、未成年人刑事案件相对较多、地理位置比较适宜的法院设立独立建制的未成年人与家事案件综合审判庭，集中审理全市未成年人刑事案件。其中，上海市长宁区人民法院未成年人与家事案件综合审判庭管辖长宁区、徐汇区、闵行区、松江区内的未成年人第一审刑事案件；上海市浦东新区人民法院未成年人与家事案件综合审判庭管辖浦东新区、奉贤区、金山区内的未成年人第一审刑事案件。上述案件上诉于上海市第一中级人民法院未成年人与家事案件综合审判庭。上海市静安区人民法院管辖静安区、黄浦区、虹口区、宝山区、崇明区及轨道交通内的未成年人第一审刑事案件；上海市普陀区人民法院管辖普陀区、杨浦区、青浦区、嘉定区内的未成年人第一审刑事案件。上述案件上诉于上海市第二中级人民法院未成年人与家事案件综合审判庭。集中管辖有利于提高队伍专业化水平，统一法律适用，科学管理工作，使未成年人审判工作特点更鲜明、审判更规范、重点更突出，更好地发挥教育矫治未成年人的积极作用。

（二）采用专门机制审理未成年人刑事案件

一是未成年人刑事案件一般不公开审理；二是诉讼过

程中，由法定代理人或合适成年人到庭，帮助未成年人行使诉讼权利，维护未成年人合法权益；三是为没有委托辩护人的未成年犯罪嫌疑人、被告人，指定法律援助律师；四是对未成年人个人情况、家庭环境、犯罪背景开展社会调查，评估人身危险性；五是在诉讼过程中，对未成年被告人进行法庭教育；六是对轻罪未成年人的犯罪记录予以封存。

第七条 **本市完善市、区两级预防未成年人犯罪工作协调机制。依托平安上海工作协调机制，市、区两级共产主义青年团协助同级人民政府及其有关部门、人民检察院、人民法院做好预防未成年人犯罪工作，研究预防未成年人犯罪的重大事项，开展预防未成年人犯罪工作评估，提出工作建议。日常工作由同级青少年服务和权益保护办公室具体承担。**

【释义】 本条是关于预防未成年人犯罪工作协调机制的规定。

预防未成年人犯罪工作，依赖于未成年人刑事案件配套衔接体系与社会支持体系的构建。前者是指办理未成年人案件的公安、检察院、法院、司法行政部门在刑事司法程序的全过程中形成相互配套衔接的工作机制，后者是整合社会资源后建立的未成年人犯罪社会化帮教预防体系。可见，预防未成年人犯罪工作中的分工配合、协调衔接十分重要。《预防未成年人犯罪法》强调“国家机关、人民团体、社会组织、企业事业单位、居民委员会、村民委员会、学校、家庭等各负其责、相互配合,共同做好预防未成年人犯罪工作”,但未就协调机制的构建作出详细规定。为进一步优化未成年人犯罪的预防机制和提高预防效率,《条例》根据上海的实际,明确由专门机构负责预防未成年人犯罪的协调工作,日常工作由同级青少年服务和权益保护办公室具体承担。

一、完善市、区两级预防未成年人犯罪工作协调机制

良好的协调机制可以加强预防未成年人违法犯罪工作的统筹、协调、督促和指导,推动相关工作“体系化、精准化、制度化”落实。早在 20 世纪 80 年代,上海就开始了预防未成年人犯罪工作协调配合的探索。上海市长宁区人民法院在 1988 年制定的《未成年人刑事审判工作细则(试行)》第 8 条即明确规定:“少年法庭应当主动与公安、检察、司法等有关部门协作配合,形成预审、起诉、审判、变化、改造的少年司法工作体系。”2010 年,中央综治委预防青少年违法犯罪工作领导小组等八部委共同出台了《关于进一步建立和完善办理未成年人刑事案件配套工作体系的若干意见》,对相关工作协调体系做了进一步的要求与完善。2012 年,按照中央部署和工作要求,上海成立了由 27 家单位组成的市综治委预防青少年违法犯罪专项组,依靠社会治安综合治理机制,由团市委作为组长单位发挥牵头统筹作用,整个上海的预防青少年犯罪工作协调体系初

步建成。2018年,随着社会治安综合治理委员会及其办公室的撤销,预防未成年人犯罪工作主要依托于平安上海建设协调机制,并由团市委担任重点青少年群体组的组长单位,负责协调推动全市的预防未成年人犯罪工作。《条例》实施后,依托平安上海工作协调机制,将由市、区两级共青团协助同级人民政府及其有关部门、人民检察院、人民法院,通过召开工作推进会、预防未成年人犯罪工作考核等形式做好工作部署,研究预防未成年人犯罪的重大事项,开展预防未成年人犯罪工作评估,提出工作建议,共同做好预防未成年人犯罪工作。

二、日常工作由同级青少年服务和权益保护办公室具体承担

上海市青少年服务和权益保护办公室的前身为上海市社区青少年事务办公室。2003年,市委、市政府研究成立上海市社区青少年事务办公室、上海市禁毒办、上海市社区矫正办,分别负责重点青少年管理、禁毒和社区矫正工作。2016年,上海市社区青少年事务办公室和共青团上海市委权益部进行合并,组成上海市青少年服务和权益保护办公室。从职能上看,上海市青少年服务和权益保护办公室负责统筹协调市区两级青年工作联席会议制度建设,参与协调青少年服务实事项目的调研、立项、论证和监督;负责上海市青少年发展规划的研究、制定、立项和评估,参与本市青少年法律法规和公共政策的制定、修订和监督;

建立和完善青少年维权工作体系，参与处理本市有关侵害青少年权益的重大案件及投诉；开展对本市青少年群体的服务、帮扶和救助；组织、协调参与构建预防和减少青少年违法犯罪体系，开展青少年法治宣传教育、安全自护教育等工作；负责推进和加强青少年事务社会工作者队伍建设；指导、推动本市基层团组织开展青少年权益维护、预防犯罪和帮扶救助服务工作等；指导上海市预防青少年犯罪研究会、上海市阳光社区青少年事务中心、12355 上海青春在线青少年公共服务中心依据章程开展工作。其中，预防未成年人犯罪工作是上海市青少年服务和权益保护办公室的重要职能之一。

第八条 **本市与江苏省、浙江省、安徽省共同建立健全长江三角洲区域预防未成年人犯罪工作联动机制，推动开展预防未成年人犯罪工作交流和合作，加强相关工作经验和信息共享。**

【释义】 本条是关于长江三角洲区域预防未成年人犯罪工作联动机制的规定。

2018 年 11 月 5 日，习近平主席在首届中国国际进口博览会上宣布，支持长江三角洲区域一体化发展并上升为国家战略。2021 年 6 月，推动长三角一体化发展领导小组办公室印发了《长三角一体化发展规划“十四五”实施方案》，指出长三角一体化要求加强和创新社会治理，提升公共服务水平，促进社会公平正义，构建共建共治共享的社会治理制度。其中,预防未成年人犯罪是社会治理体系的重要一环,且未成年人犯罪的一个重要特点就是流动性,为此,上海市、江苏省、浙江省、安徽省共同建立健全长江三角洲区域预防未成年人犯罪工作联动机制,推动开展预防未成年人犯罪工作交流和合作,加强相关工作经验和信息共享,具体包括:

一是四地党委政法委依次作为轮值方,每年主持召开一次长三角地区社会治安专题会议,讨论未成年人犯罪问题,深化区域协作,加快构建信息联商、矛盾联排、情报联查、人员联控、问题联防、网络联管、事件联处的区域工作格局,全力维护长三角区域安全稳定。

二是四地公安机关以《长三角区域警务一体化框架协议》等为依托,继续升级合作力度,不断拓展合作领域,加强未成年人犯罪数据共享,推动联勤指挥、治安防控、卡口查控等多方面合作,逐步实现区域警务沟通更及时、协作更紧密、标准更统一、共享更彻底、合作更高效的长三角一体化区域警务合作体系。

三是四地检察机关以《关于建立长三角生态绿色一体化发展示范区未成年人检察保护联盟的若干意见》《长三角生态绿色一体化发展示范区未成年人社区矫正和检察监督工作协作实施细则》等为依托,以最有利于未成年人、特殊优先保护、相互配合等为基本原则,建立信息通报、资源共享、安全保障、教育培训四项机制,进一步打破区域壁垒，推动三地未成年人检察保护工作进入“快车道”。

四是四地法院及巡回法庭以《关于为长江三角洲区域一体化发展提供司法服务和保障的意见》和《长三角地区法院一站式多元解纷和诉讼服务体系建设司法协作框架协议》等为依托，共同构建多元解纷资源共享机制，强化未成年人犯罪案件合作机制，尤其是应当积极发挥巡回法庭中少年法庭巡回审判点的职能，通过组织公众开放日、召开座谈会等形式，就推进少年法庭建设、加强未成年人犯罪预防工作等进行区域交流。

五是四地司法行政部门以《关于共同推进更高质量平安长三角法治长三角建设的合作协议》等为依托，合力推动长三角执行工作一体化，尤其是打破行政区划壁垒，实现未成年罪犯从收监执行到教育矫治再到安置帮教的无障碍衔接。

第九条 本市对预防未成年人犯罪工作有显著成绩的组织和个人，按照国家和本市有关规定给予表彰和奖励。

【释义】 本条是关于对预防未成年人犯罪工作有显著成绩的组织和个人给予表彰和奖励的规定。

表彰和奖励可以树立榜样、鼓励先进，激励受表彰、奖励者更多地释放工作动力，也可以激发其他人的积极性，让更多的人参与预防未成年人犯罪事业。其中，表彰是一种非物质激励，如通报表扬、给予荣誉称号等。奖励则是各级政府按照法定条件和程序，对作出特定贡献、显著成绩的组织和个人给予的物质或精神奖励，奖励是一种行政行为，一般以奖金、经费的发放为主。

表彰和奖励的主体一般为国家行政机关，包括本市各级人民政府和行政主管部门。但是，承担预防未成年人犯罪工作的人民检察院、人民法院、团委、律协及其他社会组织，也可以作为实施表彰和奖励的主体之一。表彰和奖励的对象是在预防未成年人犯罪工作中有显著成绩的组织和个人，具体可包括国家机关、武装力量、政党、人民团体、企事业单位、社会组织、城乡基层群众性自治组织以及这些单位内的工作人员和普通公民等。显著成绩是指积极参与预防未成年人犯罪工作，认真履行国家和本市关于预防未成年人犯罪的法律法规，恪尽职守，具有钻研精神和奉献精神，表现突出，工作有成效，具有良好的社会评价等。另外，市级表彰和奖励的程序为，对符合表彰奖励条件的个人或者集体，由有关单位在广泛征求意见的基础上，提出推荐意见，逐级上报，区级人民政府对推荐对象进行审核，在本地区、本系统公示无异议后，报市级人力资源和社会保障部门，市级人力资源和社会保障部门会同有关部门、单位，对拟表彰和奖励的名单进行审核，符合条件的由市政府颁发奖章、证书或奖金，并组织各级人民政府及其有关部门宣传其先进事迹。其他各级表彰和奖励的程序参考表彰和奖励单位的相关规定。

第二章　预防支持体系

第十条　本市建立健全标准引领、专业保障、基层联动、社会协同、公众参与的预防未成年人犯罪工作支持体系，提高预防未成年人犯罪工作的专业化、社会化、智能化水平。

【释义】　本条是关于上海市建立健全预防未成年人犯罪工作支持体系的规定。

预防未成年人犯罪是全社会的共同责任。社会力量参与未成年人犯罪预防需要得到专业支持。预防支持体系，就是以专业的青少年事务社工队伍为中坚力量，联动社会组织、爱心企业、志愿者等社会力量广泛参与的预防未成年人犯罪工作支持体系。因此，《条例》在与上位法的体例基本保持一致的前提下，总结本市预防未成年人犯罪工作的实践经验和有益探索，新增“预防支持体系”一章。具体而言，预防未成年人犯罪工作支持体系包括信息服务管理系统建设、专业队伍建设、基层预防网络建设、社会协同与公众参与等内容。

预防支持体系的构建，回应了未成年人犯罪的社会性根源。未成年人犯罪的背后有家庭、学校以及社会等方面的客观因素。未成年人犯罪不是一蹴而就，而是多方影响下逐渐酿成的。因此，未成年人犯罪的预防离不开社会各方面的支持。

预防支持体系的构建,是未成年人犯罪综合治理原则的必然要求。《预防未成年人犯罪法》第4条明确要求,预防未成年人犯罪,在各级人民政府组织下,实行综合治理。国家机关、人民团体、社会组织、企业事业单位、居民委员会、村民委员会、学校、家庭等各负其责、相互配合,共同做好预防未成年人犯罪工作,及时消除滋生未成年人违法犯罪行为的各种消极因素,为未成年人身心健康发展创造良好的社会环境。

预防支持体系的构建,是固化本市预防未成年人犯罪经验的现实需要。本市经过长期的实践,已经建立起一套上海本地化的社会支持工作模式。在立法中明确预防未成年人犯罪工作支持体系各项规定,有利于统筹协调各方主体职责和工作目标,让社会力量在预防未成年人犯罪工作中协同发力。具体而言,预防支持体系的构建包括两个方面:

一、标准引领、专业保障、基层联动、社会协同、公众参与的预防未成年人犯罪工作支持体系

本条强调建立健全标准引领、专业保障、基层联动、社会协同、公众参与的预防未成年人犯罪工作支持体系,对预防未成年人犯罪工作支持体系的建立健全提出要求,并统领本章其他条文。

标准引领是指基于过往实践经验,在宏观上进行机制性总结和梳理,为建立健全预防未成年人犯罪工作支持体系明确基本要素，以及提供统一的规范和标准指导，引领其各方面工作的开展和建设，提升社会工作服务机构参与未成年人犯罪预防的规范水平，进而推动预防未成年人犯罪工作支持体系的健康发展。

专业保障是指通过加强预防未成年人犯罪的相关研究和标准建设，强化预防未成年人犯罪专业服务，尤其是未成年人司法社会服务。具体包括为专业服务机构参与预防未成年人犯罪工作提供法治保障，支持预防未成年人犯罪工作的专业队伍建设，并明确专业服务的内容及要求，完善专业服务的监督机制，进而保障和增强预防未成年人犯罪工作支持体系的专业性。

基层联动是指乡镇人民政府和街道办事处应当设置预防未成年人犯罪工作的服务站点，为专业服务机构开展预防未成年人犯罪工作提供条件，建立起未成年人犯罪问题的基层预防网络，为预防未成年人犯罪提供基层支持。

社会协同是指建立健全预防未成年人犯罪工作支持体系要发挥社会协同的作用，明确工会、妇女联合会、关心下一代工作委员会、青年联合会、学生联合会、少年先锋队以及有关社会组织应当协助各级人民政府及其有关部门、人民检察院、人民法院、共产主义青年团做好预防未成年人犯罪工作，为预防未成年人犯罪培育社会力量，提供支持服务。

公众参与是指鼓励和支持企业事业单位、社会组织、个人等参与预防未成年人犯罪工作，为广大公众参与到预防未成年人犯罪工作支持体系中畅通渠道，并提供相应法律保障，以在预防未成年人犯罪工作中发挥公众力量。其中，尤其对12355青少年公共服务热线及其网络平台功能作出规定，明确了分类处置及相关工作流程。

二、预防未成年人犯罪工作的专业化、社会化、智能化

一是提升预防未成年人犯罪工作的专业化水平。专业化是指所有参与预防未成年人犯罪工作的主体应当具备一定专业性。尤其是未成年人司法社会服务的主体应具备相应专业资质，经过专业培训，具备专业知识；其服务内容、服务流程应符合相应服务规范和标准；同时，其服务成效需要接受专业评估与考核。

二是提升预防未成年人犯罪工作的社会化水平。社会化是指预防未成年人犯罪既要依靠党政、司法机关，又要坚持社会化的发展方向，有效整合社会各方面资源，动员社会各方面力量参与，充分发挥协同作用，为预防未成年人犯罪工作提供囊括法学、社会学、心理学、教育学等相关领域的力量，帮助未成年人更好地远离犯罪、融入社会。

三是提升预防未成年人犯罪工作的智能化水平。智能化是指借助现代通信与信息技术、计算机网络技术、行业技术、智能控制技术等提高预防未成年人犯罪的实效。智能化水平的提升尤其体现在预防未成年人犯罪的信息管理方面。《条例》明确要求建立健全城市运行“一网统管”平台相衔接的预防未成年人犯罪信息服务管理系统，依托大数据、区块链等技术，为预防未成年人犯罪工作的资源整合、数据收集、分析研判等提供智能化的高效技术支持。

总体而言，本条旨在预防未成年人犯罪工作中有效发挥社会各方的协同作用，进一步激发社会力量参与预防未成年人犯罪工作的积极性和活力，是探索中国特色社会主义社会治理之路的有益实践。

第十一条 市青少年服务和权益保护办公室应当建立与城市运行“一网统管”平台相衔接的预防未成年人犯罪信息服务管理系统，对未成年人犯罪相关信息进行识别、分析、预警，提高科学研判、分级分类干预处置的能力和水平，并依托市大数据资源平台实现数据共享和应用。

民政、教育、人力资源社会保障、公安、司法行政等部门，以及人民检察院、人民法院、禁毒委员会办事机构、妇女联合会等应当收集和分析预防未成年人犯罪的相关信息，并及时上传至预防未成年人犯罪信息服务管理系统。

相关部门及其工作人员对本条第一款、第二款工作中知悉的未成年人隐私、个人信息等，应当依法予以保密，不得泄露、篡改、毁损，不得出售或者非法向他人提供。

【释义】 本条是关于建立预防未成年人犯罪信息服务管理系统的规定。

预防未成年人犯罪工作依托于多方主体的协调配合

和信息交互。目前，在预防未成年人犯罪工作的信息共享领域，公检法司以及市青少年服务和权益保护办公室等均建立了内部信息系统，但相互之间缺乏一定的联动和协调配合，一定程度上影响了预防未成年人犯罪工作的实效。为破除以往单打独斗、数据孤岛的旧格局，本条规定基于城市运行"一网统管"平台，建立与其相衔接的预防未成年人犯罪信息服务管理系统，对未成年人犯罪相关信息进行识别、分析、预警，提高科学研判、分级分类干预处置的能力和水平，并依托市大数据资源平台实现数据共享和应用，以符合国家分级分类推进新型智慧城市建设，完善城市信息模型平台和运行管理服务平台的要求。

一、预防未成年人犯罪信息服务管理系统建设

首先，预防未成年人犯罪信息服务管理系统由上海市青少年服务和权益保护办公室建立。其次，预防未成年人犯罪信息服务管理系统与"一网统管"平台相衔接。再次，工作内容包括对未成年人犯罪相关信息进行识别、分析、预警，提高科学研判、分级分类干预处置的能力和水平，并依托市大数据资源平台实现数据共享和应用。相关工作者应当将预防未成年人犯罪相关工作数据实时录入并储存于加密信息工作系统，内容应包括但不限于未成年人基本信息、未成年人司法社会工作服务内容等。相关职能部门与专业服务机构在预防未成年人犯罪工作中可以采取信息化手段，依托网络、加密信息工作系统进行工作受理与反馈。最后,关于预防未成年人犯罪信息服务管理系统的建设和运行状况,全市已有统一的上海市青少年事务社会工作系统,对社工服务对象的详细信息进行统计与管理。目前该系统正在积极改造升级,实现与“一网统管”平台的对接。

二、预防未成年人犯罪信息服务管理系统的信息互联

预防未成年人犯罪工作由多部门协同进行,除市青少年服务和权益保护办公室以外,民政、教育、人力资源社会保障、公安、司法行政等部门,以及人民检察院、人民法院、禁毒委员会办事机构、妇女联合会等主体均担当重要职责。各部门在开展预防未成年人犯罪工作中获取的相关信息经分析整理后应及时上传至预防未成年人犯罪信息服务管理系统,实现各部门间的数据协同,以通过大数据智能系统及时准确地发现群体新趋势、新问题并有效应对,提升预防未成年人犯罪实效。

三、相关主体的信息保密责任

相关部门及其工作人员对以上依托预防未成年人犯罪信息服务管理系统进行的所有工作中知悉的未成年人隐私、个人信息等负有保密义务。我国《个人信息保护法》明确了自然人的个人信息受法律保护,任何组织、个人不得侵害自然人的个人信息权益,其中不满十四周岁未成年人的个人信息属于敏感个人信息,应当对其制定专门的个人信息处理规则。国家机关处理个人信息也应当遵守相应的特别规定。同时,《预防未成年人犯罪法》第 3 条规定,开展预防未成年人犯罪工作,应当尊重未成年人人格尊严,保护未成年人的名誉权、隐私权和个人信息等合法权益。预防未成年人犯罪工作中涉及大量关于未成年人的名誉、隐私等个人信息,相关主体应做好保密工作,不得泄露、篡改、毁损,不得出售或者非法向他人提供。

第十二条 本市鼓励开展预防未成年人犯罪问题的研究,促进研究成果的运用和转化,建立健全相关服务规范和标准。

市青少年服务和权益保护办公室应当每年发布本市预防未成年人犯罪相关情况的报告。

【释义】 本条是关于标准建设以及报告发布的规定。

科学制定和准确执行预防未成年人犯罪的法律法规以及相关服务和规范,离不开坚实的研究和理论的支撑。《预防未成年人犯罪法》第 13 条规定,国家鼓励和支持预防未成年人犯罪相关学科建设、专业设置、人才培养及科学研究,开展国际交流与合作。基于此,为有效预防和减少未成年人犯罪的发生,本市鼓励社会各方主体积极开展预防未成年人犯罪问题的研究。

一、开展预防未成年人犯罪问题的研究

(一) 多方主体参与

由于预防未成年人犯罪问题本身的复杂性和综合性,多方主体参与相关研究,集中贡献各自领域的基础理论知识，是开展预防未成年人犯罪问题研究的重要支撑。一方面，市、区两级共产主义青年团协同同级人民政府及其有关部门、人民检察院、人民法院，研究预防未成年人犯罪的重大事项以及做好相关工作；另一方面，有关部门对预防未成年人犯罪工作的具体展开，还需要法学、社会学、心理学、教育学等学科领域专家学者的参与，为预防未成年人犯罪研究成果转化的科学性提供保障。

（二）多项举措并举

全方位开展预防未成年人犯罪问题相关研究，具体研究方式包括：广泛检索和阅读文献以及政策文件，准确、全面地把握已有研究成果和标准；开展实地调研，调研主体方面包括行政机关、司法机关以及社会组织等单位的广泛参与，研究样本方面依据实际工作开展情况进行分类抽样得到，调研内容方面包括预防未成年人犯罪工作中（包括未成年人司法社会服务）的现状、经验和困境等，并开展研讨会议等活动；建立重点个案研究和快速处置机制；开展由相关委办和理论、实务专家等共同参与的集中讨论等。

二、建立健全相关服务规范和标准

《预防未成年人犯罪法》强调了社会工作专业参与未成年人犯罪预防工作的必要性。自21世纪伊始，上海的青少年事务社工已在预防未成年人犯罪工作中逐渐发挥无可替代的重要作用，并已形成一定的实践经验。但由于各地各单位相关服务的展开缺乏统一标准和规范，对辖区内预防未成年人工作的统一展开带来了一定困难。预防未成年人犯罪的相关服务规范和标准的建立健全,必须从研究的视角出发,以法学、社会学、心理学、教育学等学科的相关理论作为支撑,保障相关服务规范和标准的科学性,更好地发挥对实践的指导作用。对此,本市需要促进预防未成年人犯罪问题研究成果的运用和转化,建立健全相关服务规范和标准。

相关服务规范和标准主要是指上海市对预防未成年人犯罪的社会工作的相关服务标准和规范形成的规范性的文件。例如,2023 年 4 月,最高人民检察院、共青团中央等共同推动《未成年人司法社会工作服务规范》国家标准(以下简称“国标”)发布,对未成年人司法社会工作的标准化、规范化提出了更高的要求。本市层面,相关服务规范和标准主要包括已出台的上海市《未成年人司法社会工作服务规范》《预防和减少犯罪工作体系建设政府购买服务标准》等。其中,上海市《未成年人司法社会工作服务规范》于 2020 年 7 月 31 日正式出台,系全国首个未成年人司法社会工作服务领域的省级地方标准,对未成年人司法社会工作的服务对象、服务原则、服务内容、服务方法、委托与服务流程、服务保障、服务质量评价和持续改进等方面作出了具体规定,为本市未成年人司法社会工作逐步从“碎片化”向一体化、以服务对象需求为导向的现实转变提供了制度支撑,也针对青少年事务社会工作欠缺评估体系、司法保护和社会保护合作机制衔接不足等问题的有效解决提供了制度引导。另外，上海市《预防和减少犯罪工作体系建设政府购买服务标准》对社会服务机构承接政府购买服务的相关服务内容进行了规定，并对其给予保障。这些标准和规范提升了未成年人司法工作的科学化、规范化、人性化水平，有力推进了上海市预防未成年人犯罪社会工作服务体系的规范化、专业化、法治化发展，有助于提升未成年人权益保护和犯罪预防的成效。

三、上海市预防未成年人犯罪相关情况的报告的发布

本条第 2 款规定，市青少年服务和权益保护办公室应当每年发布本市预防未成年人犯罪相关情况的报告。首先，本市预防未成年人犯罪相关情况的报告由市青少年服务和权益保护办公室负责发布。其次，本市预防未成年人犯罪相关情况的报告在性质上属于工作报告，内容包括预防未成年人犯罪工作的基本情况和数据分析、预防未成年人犯罪工作中的主要做法、预防未成年人犯罪工作中存在的问题以及提升预防未成年人犯罪工作的相关建议等。最后，本市预防未成年人犯罪相关情况的报告为每年发布。每年发布报告有利于定期总结预防未成年人犯罪工作中的有益经验和存在的问题，便于预防未成年人犯罪工作各方主体的信息沟通，进而提高工作效率，促进本市预防未成年人犯罪工作不断进步。

第十三条　本市培育从事预防未成年人犯罪工作的

社会工作服务机构、专门评估机构等专业服务机构。有关部门和单位根据工作需要,可以委托相关专业服务机构参与预防未成年人犯罪工作。

本市根据预防未成年人犯罪和未成年人保护工作需要配备青少年事务社会工作者,完善专业服务网络,实施全覆盖服务;完善青少年事务社会工作者薪酬制度,健全招聘、培训、轮岗、考核、表彰、晋升的人才培养体系。

【释义】 本条是关于专业服务机构培育和专业社工队伍建设的规定。

上海从 2002 年开始探索布局本市预防和减少青少年犯罪工作机制。在市委政法委的领导下,上海成为全国最早探索社区青少年服务帮扶机制的城市,为社区中失学、失管、失业的未成年人提供服务,把预防未成年人犯罪工作前置,从源头上预防和减少未成年人犯罪。目前,上海的青少年事务社工队伍已经超过 700 人。本条基于社会工作服务机构参与预防未成年人犯罪工作的实践,明确了其法律地位和人才培养体系。

一、培育从事预防未成年人犯罪工作专业服务机构

预防未成年人犯罪工作的专业服务机构主要包括社会工作服务机构和专门评估机构两类。社会工作服务机构应经民政部门正式注册,或经相关部门批准成立,其作为预防未成年人犯罪的“柔性手段”,在预防未成年人犯罪工作的实践中发挥着重要作用。专门评估机构即作为中

立第三方对社会工作服务机构的服务过程及服务成效进行评估的单位。专门评估的结果将及时反馈公安机关、人民检察院、人民法院等委托主体,有助于未成年人司法社会服务形成闭环。以上机构均具备相关资质,具体职责及相关内容在《条例》第 14 条、15 条、16 条以及各机构相关规定中具体规定。

本条对专业服务机构法律地位的明确,不仅是对其近二十年来司法社会服务的认可,更有利于其在预防未成年人犯罪工作中发挥更有力的作用,助力其职业化、专业化道路的发展,有利于编织起一张家庭、学校、社会共同参与的预防未成年人犯罪保护网。

二、有关部门和单位对相关专业服务机构的委托

本条第 1 款规定有关部门和单位可以委托相关专业服务机构参与预防未成年人犯罪工作,以实现专业化办案与社会化服务的协同治理。

首先,由共青团组织负责指导相关专业服务机构为有关部门和单位提供专业化社会服务,对发现的问题予以协调解决。

其次,有关部门和单位可根据工作需要,通过购买服务等方式,将预防未成年人犯罪相关工作委托辖区内相关专业服务机构开展,或委托专门评估机构开展评估。如出具委托函,应按规定写明涉未成年人案件的基本情况。另外,根据《条例》第 16 条的规定,各级行政机关以及人民检察院、人民法院根据工作需要，使用财政性资金委托专业服务机构参与预防未成年人犯罪工作、提供司法社会服务的，应当符合国家和本市的规定。

最后，在专业服务机构方面，宜按照接案、预估、服务设计、服务实施、服务成效评估、回访跟进等社会工作服务流程开展专业服务。青少年事务社会工作者根据所受委托的服务类别，参照相关规定提供服务，并在服务完成后将服务情况反馈至提出委托部门和单位。

三、专业服务网络与人才培养体系的完善

（一）专业服务网络对预防未成年人犯罪工作需求的全覆盖

专业服务机构根据实际情况，运用社会工作专业方法，为服务对象提供就业、社区融入、家庭教育指导、生命健康、未成年人司法社会服务等服务。

（二）完善青少年事务社会工作者薪酬制度

青少年事务社会工作者的薪酬纳入本市财政预算，足额给予保障，相关规定明确各类青少年事务社会工作者的薪酬标准，并根据实际情况不断调整。例如，根据本市相关规定，社工薪酬标准参照政府购买服务人员中文书管理类薪酬标准执行并保持同步调整，福利待遇参照机关、事业单位工作人员福利费提取标准执行并保持同步调整。各级财政部门根据上述标准将购买体系建设社工服务经费纳入各单位部门预算，足额给予保障。同时，应当完善青少年事务社会工作者工作经费保障，公安机关、人民检察院、人民法院、各级群团组织、民政部门、教育行政部门等应为未成年人司法社会工作服务提供稳定的经费保障，及时向相关专业服务机构支付服务经费。具体而言，未成年人司法社会工作服务经费来源主要包括但不限于：政府购买服务、基金会支持、企业支持。相关专业服务机构应建立服务经费管理制度，对服务经费进行有效管理，并接受监督。

(三) 健全招聘、培训、轮岗、考核、表彰、晋升的人才培养体系

一是在青少年事务社会工作者的招聘方面，从业人员应热爱青少年事务社会工作，遵循社会工作专业伦理，遵守《社会工作者职业道德指引》，并至少符合以下资质要求之一：获得国家颁发的社会工作者职业水平证书；具备国家承认的社会工作专业专科及以上学历；参加社会工作专业培训，取得合格证书。二是在青少年事务社会工作者的培训制度方面，进一步做好其入职合规工作。根据有关规定，青少年事务社会工作者应接受：①未成年人司法社会工作服务基础知识与能力培训，内容包括但不限于：社会工作理论；社会工作服务方法；②基础法律知识培训，内容包括但不限于：刑法相关知识；刑事诉讼法相关知识；民法相关知识；与未成年人权益保护相关的其他法律知识；③具体服务类型的专业培训，内容包括但不限于：不良行

为干预服务;严重不良行为矫治教育服务;合适成年人服务;社会调查服务;帮教服务;被害人救助服务;家事案件观护服务。三是在青少年事务社会工作者的轮岗和挂职锻炼制度方面,应加强同一机构不同区域间的轮岗,同一机构上下级间的挂职锻炼,以及不同机构间的交流学习。四是在青少年事务社会工作者的考核制度方面,应落实好监督评估工作,社会工作服务机构对社会工作者应定期考核,并针对社会工作者的工作态度、价值理念、工作能力、工作方法、工作质量、工作绩效等内容进行考核。五是在青少年事务社会工作者的表彰制度方面,应对在预防未成年人犯罪工作中恪尽职守、表现突出、有显著成绩的符合相关条件的青少年事务社会工作者,通过法定程序给予激励,如通报表扬、给予荣誉称号、颁发奖章、证书或奖金等,并宣传先进事迹,激励其更负责地开展专业社会服务工作,提升服务质量。六是在青少年事务社会工作者的晋升制度方面,应形成一套完整的职级体系,打通晋升渠道,激发工作热情。

第十四条　社会工作服务机构向未成年人及其父母或者其他监护人提供社会工作专业服务,开展预防犯罪的宣传教育、家庭教育指导、心理辅导和未成年人司法社会服务等工作。专门评估机构对预防未成年人犯罪的工作成效进行第三方评估。

社会工作服务机构、专门评估机构等专业服务机构应当加强专业能力建设，指派青少年事务社会工作者、专业评估人员等开展专业服务，不断提高服务质量。专业服务机构及其工作人员对服务过程中获取的未成年人相关信息，应当予以保密。

【释义】 本条是关于专业服务机构服务内容及要求的规定。

社会工作服务机构在预防未成年人犯罪工作中发挥不可或缺的力量。社会工作服务机构的服务对象主要包括未成年人及其父母或者其他监护人。一方面，社会工作服务机构直接参与到罪错未成年人的思想教育、心理帮扶与行为矫治之中；另一方面，监护人在预防未成年人犯罪工作中往往缺乏一定的专业性和科学性，社会工作服务机构可以为其提供必要的帮助与指导。

一、社会工作服务机构的工作内容

社会工作服务机构提供的服务主要包括预防犯罪的宣传教育、家庭教育指导、心理辅导和未成年人司法社会服务等。

（一）宣传教育

《预防未成年人犯罪法》和《条例》都将组织开展预防未成年人犯罪宣传教育列为预防未成年人犯罪工作中的重要工作内容。例如，社会工作服务机构可以与学校合作，在校园内针对性地开展预防未成年人犯罪宣传教育和体验类活动。

（二）家庭教育指导

家庭教育指导是指通过教育学、应用心理学、社会家庭学的理论知识，帮助家庭在夫妻关系、亲子关系上建立良好的家庭环境，通过改变孩子的生活、学习习惯，建立孩子的德行和责任，帮助家庭幸福的指导行为。家庭是人生的第一所学校，家长是孩子的第一任老师。社会工作服务机构主要针对具有不良行为、严重不良行为的未成年人及其监护人开展服务；在内容上主要包括协助未成年人父母或其他监护人树立正向教育观念，建立家庭规则，学习沟通技巧，调和及重建家庭关系等，提升其家庭教育能力。

（三）心理辅导

心理辅导是预防未成年人犯罪工作中的重要部分，一方面应当根据未成年人的特殊心理特点进行预防工作，另一方面未成年人的犯罪心理也是致其走向犯罪、需要社会工作服务机构接入开展预防工作的原因之一。社会工作服务机构可以对未成年人进行心理健康咨询、心理问题引导等服务，提升对环境的适应能力等。

（四）未成年人司法社会服务

未成年人司法社会服务是指，以有不良行为的未成年人、有严重不良行为的未成年人、涉罪未成年人、未成年社区矫正对象、未成年在押服刑人员、刑满释放的未成年人、未成年被害人、未成年证人、司法程序中涉及的其他未成年人为对象，整合运用社会工作专业价值、理论、方法和技巧,为恢复、改善、提高未成年人社会功能,促进未成年人健康成长及实现犯罪预防而提供的专业化、职业化社会服务活动。社会服务机构提供的未成年人司法社会服务的具体内容由《条例》第15条具体规定。

二、专门评估机构的工作内容

司法社会服务工作要切实走向专业化、职业化、规范化道路,需要建立社会工作服务的质量管理机制,以及外部和内部相结合的服务质量监督与评估机制。上海市《未成年人司法社会工作服务规范》地方标准也规定,"未成年人司法社会工作服务应建立服务评估机制,由委托方直接开展或委托第三方对服务过程及服务成效进行评估"。本条对专门评估机构进行第三方评估的规定包括两个方面:一是由专门评估机构负责。专门评估机构属于专业服务机构中的一类,专门负责对预防未成年人犯罪工作的评估工作。二是评估内容为预防未成年人犯罪的工作成效。专门评估机构主要对社会工作服务的内容、流程、专业化等进行打分评估,以持续改进未成年人司法社会工作服务质量。具体的评估内容包括服务完成度和服务延展度,服务的流程规范化、材料规范化和监督常态化程度,服务原则、服务理论、服务方法、服务技巧等专业化维度,以及服务对象与委托方的满意度等。

三、专业服务机构的专业建设和保密义务

社会工作服务机构、专门评估机构作为专业服务机构,专业性是其内在要求。本条第2款即明确要求专业服务机构加强专业能力建设,指派青少年事务社会工作者、专业评估人员等开展专业服务,不断提高服务质量。

一方面,社会工作服务机构、专门评估机构等专业服务机构应当确保人员专业,具有相应专业服务能力的青少年事务社会工作者、专业评估人员,能够根据实际需要供单位指派。首先,青少年事务社会工作者、专业评估人员应具有符合规定的专业资质,接受专业教育,具有社会工作、法学、犯罪学、社会学、心理学、教育学等专业基础知识,了解未成年人案件司法程序等专业程序,并具有良好的沟通表达与协调合作能力等专业能力,还要求取得国家颁发的社会工作者职业水平证书、具备国家承认的社会工作专业专科及以上学历或参加社会工作专业培训并取得合格证书。其次,青少年事务社会工作者、专业评估人员应接受专业培训。在上岗前,其应接受规定时限和相应内容的岗前培训;在入职后,其应每年接受规定时限和相应内容的未成年人司法社会工作服务专业培训。最后,青少年事务社会工作者、专业评估人员应接受专业考核。其工作态度、价值理念、工作能力、工作方法、工作质量、工作绩效等方面应进行定期考核。另一方面,社会工作服务机构、专门评估机构等专业服务机构应确保服务内容和服务方式的专业性。这首先体现在根据工作需要指派青少年事务社会工作者、专业评估人员等相关专业人员开展专业服务，即针对不同的司法社会服务工作需要，指派相应能力的人员，提供不同侧重、有针对性的专业服务。另外，可以通过督导和专业咨询等形式保障和提高服务质量。督导通过个别督导、团体督导、同事督导等方式开展，内容包含行政性督导、教育性督导、支持性督导等方面，贯彻落实对服务质量的监督。专业咨询由相关行业专家对司法社会服务工作中的各种专业问题提供咨询解答。

此外，专业服务机构及其工作人员负有保密义务。未成年人是特殊群体，专业服务机构及其工作人员对服务过程中获取的未成年人相关信息应当予以保密，包括未成年人的基本信息、案件信息等隐私。专业服务机构应建立符合档案管理要求的档案存放场所，并注重保密性；设置专人对档案进行存放、管理；对服务过程资料及服务报告及时归档；明确档案提取的流程与规范。

第十五条　专业服务机构可以为实施严重不良行为的未成年人、未成年犯罪嫌疑人、未成年被告人、未成年罪犯、未成年被害人提供下列司法社会服务：

（一）附条件不起诉考察帮教、社会调查、合适成年人到场、心理辅导、法庭教育、社会观护、行为矫治、被害人救助等；

（二）拘留所、看守所、未成年犯管教所、戒毒所等场所的教育矫治；

（三）其他必要的未成年人司法社会服务。

【释义】 本条是关于专业服务机构提供未成年人司法社会服务的规定。

未成年人司法社会服务是织密预防网络、构建分级干预体系的重要部分，有利于专业服务机构与司法机关等协同并举开展未成年人犯罪预防工作，形成社会力量与司法力量的良性互动，各取所长助力未成年人犯罪预防及未成年人权益保障。本条中的未成年人司法社会服务是指以实施严重不良行为的未成年人、未成年犯罪嫌疑人、未成年被告人、未成年罪犯、未成年被害人等为对象，综合运用社会工作专业价值、理论、方法和技巧，为恢复、改善、提高未成年人社会功能，促进未成年人健康成长及实现犯罪预防而提供的专业化、职业化社会服务活动。

一、未成年人司法社会服务的服务对象

未成年人司法社会服务的对象范围包括五类未成年人，即实施严重不良行为的未成年人、未成年犯罪嫌疑人、未成年被告人、未成年罪犯、未成年被害人。其中，实施严重不良行为的未成年人是指《条例》第 38 条规定的各类行为。未成年犯罪嫌疑人是指在诉讼过程中未满十八周岁的人；若犯罪嫌疑人实施涉嫌犯罪行为时未满十八周岁，在诉讼过程中已满十八周岁的，人民检察院可以根据案件的具体情况适用未成年犯罪嫌疑人的相关规定。未成年被告人是指实施涉嫌犯罪行为时未满十八周岁，进入刑事诉讼程序的被公诉机关指控涉嫌犯罪的当事人。未成年罪犯是指由人民法院依法判处有期徒刑、无期徒刑，执行刑罚、接受教育改造的未满十八岁的在押服刑人员。未成年被害人是指合法权益受到犯罪行为、未成年人罪错行为侵害的未满十八岁的被害人。

二、未成年人司法社会服务的服务内容

未成年人司法社会服务应贯彻遵循最有利于未成年人原则、社会工作伦理原则及相关保密制度，基于社会工作的专业理论和方法，为预防未成年人犯罪，以及保护未成年人尤其是在司法程序中的合法权益，提供专业性的社会化服务，在预防未成年人犯罪工作中发挥不同于其他部门和单位的独特功能。其具体服务内容如下：

（一）附条件不起诉考察帮教

附条件不起诉制度是指检察机关对应当负刑事责任的犯罪嫌疑人，认为可以不立即追究刑事责任时，给其设定一定的考验期，期满后根据考察情况，对其作出不起诉或起诉决定的一项制度。青少年事务社工对处于六个月以上一年以下附条件不起诉考验期间的涉罪未成年人，定期开展日常监督、活动报告、生活观察、行为矫正、思想教育、心理辅导、法治教育、公益劳动等服务，以改善其行为、预防其再犯行为的产生，并做好服务记录，为司法处理提供依据。

（二）社会调查

社会调查是指青少年事务社工接受公安机关、人民检察院、人民法院委托,对涉罪未成年人的个体因素、社会群体因素以及二者之间的互动状态进行调查了解、综合分析的专业服务。社会调查服务包括建立关系、收集资料、综合分析、再犯风险评估、提出帮教建议等内容,并应遵循严格的社会调查服务流程规定,最终出具社会调查报告,可以作为办理案件和教育未成年人的参考。

(三) 合适成年人到场

合适成年人到场是指在未成年人的法定代理人无法到场参与讯(询)问或审判的情形下,其相关权利由合适成年人代为行使,以保障未成年人合法权益及诉讼程序有序进行。合适成年人到场适用于公安机关、人民检察院、人民法院对未成年嫌疑人、被告人、被害人、证人的讯问或询问等诉讼活动。法定代理人不能到场的原因包括无法通知法定代理人、法定代理人不能、不宜到场或者法定代理人是共犯或侵害人无法到场等情况。青少年事务社工担任合适成年人,应履行监督、沟通、抚慰、教育、见证等职责,维护未成年人合法权益。

(四) 心理辅导

心理问题是很多未成年人走上犯罪道路的起因,未成年人心理健康是预防未成年人犯罪和保护未成年人合法权益应当重视的内容。青少年事务社工对罪错未成年人开展心理健康评估及心理问题矫正服务,可以对未成年人的情绪问题或发展困惑进行疏泄和引导,改善社会适应能力,形成健康的心理状态。

(五) 法庭教育

法庭教育是指在庭审时经过法庭调查和辩论后,根据案件审理情况,依法对未成年被告人进行法庭教育。法庭教育的内容主要包括:(1)教育未成年被告人正确对待审判;(2)犯罪行为对社会的危害和应受的刑罚处罚;(3)分析危害社会行为发生的主客观原因以及应当吸取的教训。在审判中引入青少年事务社工参与法庭教育,是因为青少年事务社工一般与服务对象已经建立良好的服务关系,相对更了解未成年人犯罪的深层次原因,其教育可以让未成年人意识到自己犯下的错误,真诚认罪悔罪。

(六) 社会观护

社会观护是指对取保候审、不捕不诉的未成年人利用矫正、保护、管束等措施,改善其行为、预防再犯、保证诉讼顺利进行并为司法处理提供依据的活动。青少年事务社工对罪错未成年人开展社会观护期的帮教,包括思想辅导、日常监督、生活观察、行为矫正、安全保护等,应当及时做好服务记录,确保帮教实效。

(七) 行为矫治

行为矫治属于帮教服务的具体服务内容之一,主要是指青少年事务社工结合相关理论知识,配合公安机关、人民检察院、司法行政部门、教育行政部门等,对罪错未成年人进行行为训练,改善不良行为习惯,提升法治意识,并同时完善其社会支持网络，避免进一步违法犯罪的活动。

（八）被害人救助

被害人救助是指青少年事务社工接受公安机关、人民检察院、人民法院等委托，对合法权益受到侵害的未成年人及其家庭，提供心理疏导、关系修复、转移安置、技能培训等服务，以及危机干预、创伤疗愈、资源链接等综合服务，协助未成年被害人恢复正常的生活和学习。被害人救助服务既能够有效防止"恶逆变"（从被害人向加害人转变）的发生，也能够保障未成年被害人及其家庭的基本权益，降低再次受到侵害的风险，尽早恢复社会功能。

（九）拘留所、看守所、未成年犯管教所、戒毒所等场所的教育矫治

一般而言，未成年人受行政拘留处罚后被羁押于拘留所；未成年人依法被逮捕、刑事拘留，或者剩余刑期不满3个月（已决犯）被羁押于看守所；未成年人被判处刑罚后被关押于未成年犯管教所；未成年吸毒人员于戒毒所集中进行戒除吸食、注射毒品的恶习及毒瘾。青少年事务社工为上述不同情况的未成年人有针对性地提供教育矫治服务，在规定期限内，结合未成年人的年龄性别、个性特征、生活环境、犯罪（违法/吸毒）情况，以及悔罪表现等各方面因素进行综合评估，并提供心理辅导、行为训练、教育学习、技能培训、家庭辅导、社区服务、危机干预、法治教育、亲职教育等各项教育矫治服务，针对未成年犯管教所内的未成年

人还会开展社会适应能力训练等服务，以期矫正其犯罪心理和行为，协助未成年人提升守法意识，更好地融入社会。

(十) 其他必要的未成年人司法社会服务

即除上述未成年人司法社会服务内容之外，基于社会工作专业价值、理论、方法和技巧，为恢复、改善、提高未成年人社会功能，促进未成年人健康成长及实现犯罪预防而提供的其他必要的未成年人司法社会服务。

第十六条 各级行政机关以及人民检察院、人民法院根据工作需要，使用财政性资金委托专业服务机构参与预防未成年人犯罪工作、提供司法社会服务的，应当符合国家和本市的规定。

专业服务机构应当建立信用承诺制度，接受审计监督、社会监督和舆论监督。

【释义】 本条是关于政府购买专业服务及对专业服务机构监督的规定。

本条分为两款，第 1 款规定了政府以及人民检察院、人民法院购买专业服务机构的相关服务，第 2 款规定了对专业服务机构的监督。

一、政府以及人民检察院、人民法院购买专业服务机构相关服务

政府购买服务，是指通过发挥市场机制作用，把政府直接提供的一部分公共服务事项以及政府履职所需服务事项，按照一定的方式和程序，交由具备条件的社会力量

和事业单位承担，并由政府根据合同约定向其支付费用。在预防未成年人犯罪工作中，社会力量是不可或缺的重要部分，承担着有关部门和单位无法承担的特殊职责，与各部门和单位协同做好预防未成年人犯罪工作。而作为社会力量之专业代表的专业服务机构，则主要是通过政府购买的方式参与到预防未成年人犯罪工作中，亦即有关部门和单位根据工作需要委托之。其中，使用财政性资金进行委托的，属于政府购买服务之范围。本条第 1 款既是对在预防未成年人犯罪工作领域的政府购买服务的规定，也是对《条例》第 13 条的进一步规定。

各级行政机关以及人民检察院、人民法院根据工作需要，可以依法委托专业服务机构参与预防未成年人犯罪工作、提供司法社会服务，但应当符合国家和本市的规定。具体可从以下几个方面进行理解。

其一，委托的主体是本市各级行政机关以及人民检察院、人民法院。市、区各级行政机关以及人民法院、人民检察院，在开展预防未成年人犯罪工作中，针对各类未成年人以及处理未成年人案件的各个阶段都有可能遇到需要专业服务机构进行协助的情形，对此，可以依据规定的程序和要求，根据工作需要进行委托。

其二，委托的对象是专业服务机构。根据《条例》第 13 条规定，专业服务机构包括从事预防未成年人犯罪工作的社会工作服务机构、专门评估机构等，且承接委托服务实施各类司法社会服务工作，应当具备相应的服务能力以及资格条件。

其三，委托的内容是参与预防未成年人犯罪工作、提供司法社会服务。根据《条例》第 13 条规定，社会工作服务机构可以开展预防犯罪的宣传教育、家庭教育指导、心理辅导和未成年人司法社会服务等工作；专门评估机构可以对预防未成年人犯罪的工作成效进行第三方评估。专业服务机构根据各级行政机关以及人民检察院、人民法院委托的内容开展相应工作。

其四，委托应当符合国家和本市的规定。一方面，在国家层面，各委托主体应当遵守《政府采购法》和《政府购买服务管理办法》等法律法规规章和制度规定进行委托，例如，应当严格按照方式灵活、程序简便、公开透明、竞争有序、公平择优的原则，采用适当采购方式确定承接主体，并参照所在区域同类法律服务的市场收费标准合理确定政府购买价格；另一方面，在上海市层面，各委托主体应当按照《上海市政府购买服务管理办法》《上海市政府采购管理办法》等规定进行委托，贯彻落实各项规定的基本原则和具体细则，建立起规范化、专业化的上海市预防未成年人犯罪工作委托制度。

二、对专业服务机构的监督

专业服务机构的专业化、职业化、规范化建设道路离不开监督制度的构建。《预防未成年人犯罪法》第 9 条规定，国家鼓励、支持和指导社会工作服务机构等社会组织参与预防未成年人犯罪相关工作，并加强监督。强调了社会组织参与未成年人犯罪工作时，对其加强监督的重要性。一方面，本市专业服务机构的标准和规范建设，并非一蹴而就，需要一个过程。另一方面，专业服务机构参与预防未成年人犯罪工作，涉及未成年人重要工作的进行，无论是其本身的资质条件，还是其开展工作的过程和效果，以及其对保密等重要义务的落实，都需要自身和多方主体对其开展监督。因此，基于专业服务机构本身形成和工作的内容的特殊性，建立全面有效的监督体系显得尤为重要。对此，本条设立专款对其监督制度的构建进行规定。

一是专业服务机构应当依法建立信用承诺制度。《上海市政府购买服务管理办法》明确规定，应建立政府购买服务信用制度。完善专业服务机构自身的信用体系建设，有利于从内部保障其服务的高质量发展。同时，基于信用承诺制度的构建，进一步发挥信用在监管中的基础性作用。

二是专业服务机构应当接受审计监督。立足国家层面对"审计监督首先是经济监督"的定位，对专业服务机构的预算、经费等方面进行监督。专业服务机构通常经由各级行政机关以及人民检察院、人民法院委托，尤其是使用财政性资金的委托参与到预防未成年人犯罪工作中，基于此，应当充分发挥审计的监督和保障作用，杜绝经费使用不合规等问题，保障专业服务机构的公益性，在预防未成年人犯罪工作中发挥有效作用。

三是专业服务机构应当接受社会监督。社会监督是外部监督中不可缺少的一环，具有特殊的重要性、有效性和说服力。对此，专业服务机构应当严格执行《政府信息公开条例》《政府采购信息公告管理办法》等国家和本市有关规定，除涉及国家秘密、商业秘密以及未成年人个人隐私等保密信息外，应当通过各种信息平台及时做好信息公开工作；同时，也要与时俱进畅通社会监督多渠道，方便社会各界进行监督。社会公民、法人和其他组织也应当加强社会监督的意识，积极采取相应的监督举措对专业服务机构参与预防未成年人犯罪工作进行监督。

四是专业服务机构应当接受舆论监督。目前，舆论监督已经成为起到重要监督作用的有力武器，是反映专业服务机构进行预防未成年人犯罪工作之良莠的明镜，其主要包括媒体监督、网络监督以及专家学者的评价等。媒体和网络对预防未成年人犯罪工作的成效以及未成年人犯罪相关情况等的反映与报道，具有一定的开放性和广泛性，且具有其独特的预防作用和整治效果。专业学者的评价具有专业性，与媒体和网络共同构建起预防未成年人犯罪的舆论监督网。

第十七条　乡镇人民政府、街道办事处应当统筹辖区

内的社区服务中心、党群服务中心、青少年活动中心、法治教育实践基地、商贸市场、企业事业单位等资源，设置至少一处预防未成年人犯罪服务站点，为专业服务机构等开展预防未成年人犯罪工作提供条件。

【释义】 本条是关于建立基层预防未成年人犯罪工作网络的规定。

建立基层联动的预防未成年人犯罪工作支持体系，有助于为专业服务机构在基层开展具体预防未成年人犯罪工作提供必要的工作场所和条件，便于其深入基层了解未成年人的生活环境和家庭背景，有针对性地开展服务；也有利于形成并完善市、区、乡镇/街道三级专业服务机构体系，夯实预防未成年人犯罪工作的地基。

乡镇人民政府、街道办事处统筹负责辖区内服务站点的设置。乡镇和街道办事处是最基层的政府机关单位。根据《预防未成年人犯罪法》的规定，各级人民政府负有做好预防未成年人犯罪工作职责，根据《条例》第 4 条第 2 款的规定，乡镇人民政府和街道办事处应当按照规定整合各方资源，做好本辖区内的预防未成年人犯罪工作。乡镇人民政府和街道办事处作为基层行政机关，对辖区内预防未成年人犯罪工作的状况最为熟悉，应有效统筹辖区内资源，并对专业服务机构在辖区内具体开展预防未成年人犯罪工作负责并提供指导。

乡镇人民政府、街道办事处统筹的对象包括社区服务中心、党群服务中心、青少年活动中心、法治教育实践基地、商贸市场、企业事业单位等，因地制宜地设置专业服务机构服务站点。例如，本市基层贸易经济发达，商贸文化与未成年人的成长息息相关，商贸市场设置服务站点有利于调动商贸主体参与未成年人犯罪预防，也可以助力专业服务机构更好地掌握特定未成年群体的生活状态与行为习惯，有的放矢地开展专业服务。

为确保预防未成年人犯罪服务站点能够为专业服务机构等开展预防未成年人犯罪工作提供条件，乡镇人民政府、街道办事处可以会同专业服务机构，共同研究制定服务站点的建设标准、组织架构、管理制度、工作流程、服务热线等，为相关工作提供指引。同时，为服务站点设置提供必要的资金与人力支持。

第十八条 工会、妇女联合会、关心下一代工作委员会、青年联合会、学生联合会、少年先锋队以及有关社会组织，应当协助各级人民政府及其有关部门、人民检察院、人民法院、共产主义青年团做好预防未成年人犯罪工作，为预防未成年人犯罪培育社会力量，提供支持服务。

鼓励和支持企业事业单位、社会组织、个人等参与预防未成年人犯罪工作。

【释义】 本条是关于社会协同参与预防未成年人犯罪工作的规定。

《中共中央关于制定国民经济和社会发展第十四个五

年规划和二〇三五年远景目标的建议》中强调，要“发挥群团组织和社会组织在社会治理中的作用”。随着政府职能的转变和事业单位的改革，有关部门和单位的部分工作内容需要由专业群团组织和社会组织承接并提供服务。本条正是对群团组织和社会组织参与到预防未成年人犯罪工作中的明确规定，是创新社会治理理念的生动体现。

根据中央编办印发的《深化党和国家机构改革方案》，中央编办管理机构编制的群众团体机关包括工会、妇女联合会、关心下一代工作委员会、青年联合会、学生联合会、少年先锋队等。《中共中央关于加强和改进党的群团工作的意见》指出，群团组织是党和政府联系人民群众的桥梁和纽带。要自觉服从党的领导，增强群众观念，多为群众办好事解难事，维护和发展群众利益等。预防未成年人犯罪事业正是与群众切身利益息息相关，属于群众日常生活中“最关心、最直接、最现实的利益问题”以及“最困难、最操心、最忧虑的实际问题”。群团组织也在预防未成年人犯罪工作中发挥其自身重要特殊作用，在尽其所能的范围内开展预防未成年人犯罪工作。此外，社会组织也是预防未成年人犯罪工作的重要力量。社会组织通常包括社会团体、基金会、民办非企业，具有非政府性、非营利性、公益性与独立性等特征。因此，社会组织天然具有保障未成年人合法权益等作用，能够灵活、高效、敏锐地在预防未成年人犯罪工作中回应未成年人需求。

具体而言，在预防未成年人犯罪工作方面，群团组织和社会组织的作用是协助各级人民政府及其有关部门、人民检察院、人民法院做好预防未成年人犯罪工作，为预防未成年人犯罪培育社会力量，提供支持服务。例如，宣传国家和本市在预防未成年人犯罪方面的政策法规，支持、参与和配合各机关部门开展的预防未成年人犯罪工作；支持各级各区专业服务机构的成立和发展，为其提供技术支持和人才培养；研究预防未成年人犯罪的现状与经验，为预防未成年人犯罪工作的开展提供意见建议。

此外，本市鼓励和支持社会力量参与预防未成年人犯罪工作，包括企业事业单位、社会组织、个人等。根据《预防未成年人犯罪法》第 4 条的规定，预防未成年人犯罪，在各级人民政府组织下，实行综合治理。社会组织、企业事业单位和个人各负其责、相互配合共同做好预防未成年人犯罪工作。第 9 条也明确指出国家鼓励、支持和指导社会工作服务机构等社会组织参与预防未成年人犯罪相关工作，并加强监督。因此，企业事业单位、社会组织以及个人可以积极参与预防未成年人犯罪工作。例如，企事业单位可以设置专业服务机构服务站点；企事业单位和社会组织可以建立社会观护基地；社会组织可以为未成年人不良行为干预提供帮助或为实施不良行为、严重不良行为等情形的未成年人提供风险评估、心理咨询等服务；单位和个人可以关心关爱遭受家庭暴力、监护缺失、重大家庭变故等因素影响的未成年人，以及义务教育结束后未能继续就学或者就业的未成年人；单位和个人可以对未成年人无故夜不归宿、离家出走等情形向公安机关报告等。

第十九条 本市发挥12355青少年公共服务热线及其网络平台功能，提供针对心理危机、家庭关系危机、人际交往危机、学生欺凌等容易引发未成年人犯罪问题的专业咨询服务。

12355青少年公共服务热线及其网络平台应当建立分类处置制度、完善工作流程，发现未成年人实施不良行为或者严重不良行为的，可以转介社会工作服务机构进行干预；可能存在犯罪行为或者未成年人遭受不法侵害的，应当立即向公安机关报告。

【释义】 本条是关于预防未成年人犯罪咨询、转介与援助服务的规定。

“12355”原名“12355青少年维权和心理咨询服务热线”，2006年更名为“12355青少年服务台”，是共青团中央权益部设立的专门面向青少年提供服务的热线电话。上海市12355青少年公共服务热线成立于2005年，是上海共青团面向全体青少年和家长开放的综合性、一体化、一站式的服务窗口和平台，为广大青少年提供心理健康、法律咨询、家庭教育、婚恋交友、青少年权益保护、就业创业、健康医疗等数十类公益服务项目。上海市12355青少年公共服务热线及其网络平台由上海市青少年服务和权益保护办公室直接指导开展工作，是上海市青少年权益保护工作的主阵地之一，在预防未成年人犯罪领域，提供与未成年人犯罪相关的专业咨询、转介与援助服务，并协助对未成年人罪错行为进行分类处置与转介。

一方面，12355 青少年公共服务热线及其网络平台针对心理危机、家庭关系危机、人际交往危机、学生欺凌等容易引发未成年人犯罪的问题提供专业咨询服务。其中，心理危机是指未成年人在遇到了突发事件或面临重大的挫折和困难，既不能回避，又无法用已有的资源和应对方式来解决时所出现的心理反应；家庭关系危机是指因某种家庭关系的决定性变迁，或家庭成员之间的冲突、对抗而造成未成年人在认知上难以接纳、情感上难以承受、行为上不能适应的状况；人际交往危机主要是指未成年人在与他人相处和交往的过程中表现出的不适、自闭、逃避、自恋、自负、自卑、攻击以及难以调和与他人关系的不良心理状态和行为表现；学生欺凌是指发生在学生之间，一方蓄意或者恶意通过肢体、语言、关系及网络等手段实施欺压、侮辱，造成另一方人身伤害、财产损失或者精神损害的行为。以上四类问题是引发未成年人犯罪的重要原因，通过 12355 青少年公共服务热线及其网络平台对相关未成年人提供专业咨询服务，可以将未成年人犯罪的预防端口前移、深化。

另一方面，对于不同类型的未成年人，12355 青少年公共服务热线及其网络平台应当建立分类处置制度、完善工作流程。具体而言,一是根据服务对象表述情况,若属于未成年人实施不良行为或者严重不良行为的,将转介社会工作服务机构,由其进一步提供预防犯罪的宣传教育、家庭教育指导、心理辅导和未成年人司法社会服务等专业服务,针对性地开展预防未成年人犯罪工作;二是发现可能存在犯罪行为或者未成年人遭受不法侵害的,在符合"保密例外"条件的前提下,应当立即向公安机关报告,由公安机关及时介入,对未成年犯罪嫌疑人以及未成年被害人采取强制措施或提供专业保护和救助。换言之,12355 青少年公共服务热线及其网络平台是未成年人犯罪相关案件的线索提供、重要报案、检举途径。

第三章　预防犯罪的教育

第二十条　未成年人的父母或者其他监护人是预防未成年人犯罪的直接责任人,应当依法履行监护职责,树立优良家风,培养未成年人良好品行,采取下列措施有效预防未成年人犯罪:

(一)加强对未成年人道德品质、心理健康、生活学习习惯、生命安全、防毒禁毒、自我保护、法律常识等方面的教育,提高未成年人识别、防范和应对性侵害、学生欺凌、网络不良信息和不法侵害等的意识和能力;

(二)发现未成年人心理、行为异常的,应当及时了解情况并进行教育、引导和劝诫，并及时与学校沟通，不得拒绝或者怠于履行监护职责；

（三）配合司法机关、教育部门、学校及相关社会组织开展预防未成年人犯罪工作，主动接受家庭教育指导，学习科学的家庭教育理念和方法，提升监护能力。

【释义】 本条是关于监护人监护责任的规定。

家庭是未成年人成长的第一个生活交往空间，父母是孩子的第一任老师。不良家庭环境、不当监护方式易导致未成年人的情绪管理、行为控制、人际互动等问题，进而产生心理与行为偏差甚至走上违法犯罪道路。因此，父母或其他监护人应依法履行监护职责，树立优良家风，培养未成年人良好品行，有效预防未成年人犯罪。

一、监护人是预防未成年人犯罪的直接责任人

父母或其他监护人是预防未成年人犯罪的直接责任人。未成年人在成长的历程中大多数时间都和其监护人一起相处。一方面，监护人的世界观、人生观、价值观将直接或者间接影响到未成年人。另一方面，由于相处时间较长，较之其他群体，监护人对未成年人的思想波动、情绪变化有更多察觉捕捉和洞察判断的机会，便于及时纠正未成年人行为偏差。培育良好的家风，就是在润物无声中为未成年人成长营造积极的生活环境，帮助未成年人养成健康的生活习惯，在日常生活中培育健全人格，树立正确的世界观、人生观、价值观。

二、监护人在预防未成年人犯罪方面的职责

（一）注重未成年人教育，提升防范意识与能力

未成年人父母或其他监护人应注重家庭建设，坚持以身作则、言传身教，培育向上向善家庭文化，积极传承优良家风，弘扬中华民族家庭美德，构建和谐和睦家庭关系，为子女健康成长创造良好家庭环境。要树立科学家庭教育观念，遵循素质教育理念和未成年人身心发展规律，注重培养子女良好思想品德、行为习惯和健康身心，促进其全面发展。父母或其他监护人应尊重个体差异，理性确定子女成长目标，掌握正确家庭教育方法，对子女多陪伴多关爱，注重积极的亲子互动，发挥潜移默化的道德启蒙作用；也要多引导多鼓励，注重加强素质培育和良好习惯养成，对不良行为要及时劝诫、制止和管教，切实做到严慈相济，促进子女更好独立自主成长。同时也应注重生命安全、防毒禁毒、自我保护、法律常识等方面的教育，提高未成年人识别、防范和应对性侵害、学生欺凌、网络不良信息和不法侵害等的意识和能力。

（二）关注未成年人心理、行为变化，及时教育与引导

未成年人犯罪具有过程性，犯罪的未成年人往往经历了从不良行为、严重不良行为到犯罪行为的演变过程。因此，关注未成年人心理、行为变化，尽早发现未成年人违法犯罪征兆，是预防未成年人犯罪的第一道防线。父母或其他监护人对于心理、行为有异常的未成年人，尤其是出现

旷课逃学、夜不归宿、加入不良团伙等不良行为和严重不良行为的未成年人，应采取坚决有力措施，及时发现和纠正。必要时监护人应与未成年人所在学校、社区、派出所等进行沟通，共同协商干预。

（三）配合相关部门的家庭教育指导工作，提升监护能力

未成年人的父母或者其他监护人应配合相关部门及组织开展预防未成年人犯罪工作，依法履行监护职责。未成年人父母或者其他监护人存在监护缺失、监护不当等情形的，应承担相应的法律责任。父母或其他监护人应配合司法机关、教育部门、学校及相关社会组织等，主动接受家庭教育指导，提升监护能力，掌握和未成年人沟通共情的能力，保障心理和行为的健康发展。

第二十一条 学校应当依法履行教育、管理职责，做好下列预防未成年人犯罪工作：

（一）将预防未成年人犯罪纳入学校日常教育管理工作，制定工作计划，开展道德法治、心理健康、网络安全、青春期健康、防毒禁毒、自我保护等教育教学活动，并明确一名学校负责人分管预防未成年人犯罪工作；

（二）完善学生关爱机制，加强与父母或者其他监护人的沟通，建立心理辅导室，配备专职心理健康教育教师，为学生提供心理咨询和辅导，及时预防、发现和解决学生心理、行为异常问题。

【释义】 本条是关于学校预防未成年人犯罪职责的规定。

学校教育可以帮助未成年人形成正确的世界观、人生观，具备良好的行为规范，并对家庭教育起到弥补和纠正作用，帮助未成年人抵制和消除社会不良因素的影响，自觉远离违法犯罪。因此，本条对学校在预防未成年人犯罪工作中的教育、管理职责进行了明确。

一、履行教育、管理职责

学校应当将预防学生违法犯罪纳入工作计划，明确一名学校负责人分管预防未成年人犯罪工作，在日常教学中积极融入预防犯罪教育，传播法治理念，提升学生对法律法规的认识，使学生了解学法懂法、知法守法、自我保护的重要性，不断增强法治观念和法律意识，构建平安的校园环境守护学生健康成长。同时，应当重视德育工作，坚持育人为本、德育为先，培养学生爱党爱国爱人民，增强国家意识和社会责任意识，教育学生理解、认同和拥护国家政治制度，了解中华优秀传统文化和革命文化、社会主义先进文化，增强中国特色社会主义道路自信、理论自信、制度自信、文化自信，引导学生准确理解和把握社会主义核心价值观的深刻内涵和实践要求，养成良好政治素质、道德品质、法治意识和行为习惯，形成积极健康的人格和良好心理品质，自觉地远离违法犯罪。此外，学校也应重视心理健康、网络安全、青春期健康、防毒禁毒、自我保护等方面的教育教学活动。

二、完善学生关爱机制

针对学生在学习、生活、人际关系和自我意识等方面可能遇到的心理失衡问题，学校应主动采取举措，通过专职心理健康教育教师及时给予个别指导，并鼓励同学间开展朋辈帮扶，帮助学生舒缓心理压力、避免因压力无法缓解而造成心理危机甚至过激行为的发生。同时，应强化学校与家庭、社会的教育合力，及时了解学生是否存在早期心理创伤、家庭重大变故、亲子关系紧张等情况，积极寻求学生家庭成员及相关人员的有效支持。在家庭访问等家校联系中帮助家长更加了解孩子所处年龄段的心理特点和规律，在家长学校、社区家长课堂中将未成年人发展心理学知识列为必修内容，引导家长建立良好的亲子关系，防止因家庭矛盾或教育方式不当造成孩子的心理、行为异常问题，并充分利用广播、电视、网络媒体等平台和渠道，传播心理健康教育知识，积极营造有利于学生健康成长成才的社会环境。新闻媒体应加强对涉及未成年人犯罪行为进行舆论监督，加强对未成年人相关保护。新闻媒体采访报道涉及未成年人事件应当客观、审慎和适度，不得侵犯未成年人的名誉、隐私和其他合法权益。

第二十二条　中小学校法治副校长协助所在学校做好未成年人保护相关工作，督促所在学校依法开展预防未成年人犯罪工作，发现所在学校隐瞒本校心理、行为异常

学生的信息，或者未采取有效的帮助和管理教育措施的，应当及时向学校提出整改意见并督促其改正。法治副校长对实施不良行为、严重不良行为的学生，可以予以训导。鼓励有条件的中小学校聘任校外法治辅导员。

【释义】 本条是关于中小学法治副校长及其职责和聘任校外法治辅导员的规定。

为完善中小学治理体系，健全学生权益保护机制，进一步规范中小学法治副校长聘任与管理，促进未成年人健康成长，教育部2021年12月出台了《中小学法治副校长聘任与管理办法》。2023年7月20日，上海市教育委员会、上海市高级人民法院、上海市人民检察院、上海市公安局、上海市司法局、上海市法治宣传教育联席会议办公室联合印发《上海市中小学法治副校长聘任与管理办法》。法治副校长和校外法治辅导员参与预防未成年人违法犯罪工作，帮助学校建立健全预防校园性侵、学生欺凌和暴力犯罪机制，并参与对有不良行为、严重不良行为学生的教育矫治和在读涉罪学生的帮教挽救、受害学生的保护救助等法治教育工作，对强化校园法治建设具有重要意义。

一、中小学法治副校长及其职责

法治副校长，是指由人民法院、人民检察院、公安机关、司法行政部门（以下统称"派出单位"）推荐或者委派，经教育行政部门或者学校聘任，在学校兼任副校长职务，协助开展法治教育、学生保护、安全管理、预防犯罪、依法治理等工作的人员。法治副校长指导学校开展预防未成年人犯罪工作,对未成年学生进行有针对性的法治教育和预防犯罪教育,对有不良行为、严重不良行为的学生予以训导或采取适当的管理教育措施。

二、鼓励聘任校外法治辅导员

聘任校外法治辅导员,可以有效推进中小学校治理体系和治理能力现代化,健全未成年人法治教育支持体系,预防和减少未成年人违法犯罪,促进未成年人健康成长。校外法治辅导员可直接参与学校内的预防未成年人犯罪工作。如在防治学生欺凌方面,校外法治辅导员可以参与学生欺凌防治的教育、学生欺凌的识别和认定、学生欺凌处置、教育惩戒等,并可以利用校内校外两种资源,将上述工作积极融入学校的主干课程、主题班会等,进一步提升学校防治学生欺凌的效果。

第二十三条 中小学校应当充分发挥法律顾问的职能作用,提高保护未成年人和预防未成年人犯罪工作的专业能力。

教育部门应当安排专门学校教师,协助中小学校开展预防未成年人犯罪工作。

【释义】 本条是关于中小学校法律顾问和专门学校教师的规定。

建立学校法律顾问制度,是教育部《全面推进依法治校实施纲要》提出的目标任务,是推进现代学校制度建设、完善学校内部治理的重要切入点，对于全面推进依法治校、有效预防未成年人犯罪具有十分重要的意义。

一、中小学应当充分发挥法律顾问职能作用

有条件的中小学校可自行聘任中小学校法律顾问，可以从专家学者、律师等法律实务工作者中选聘，法律顾问应具备相应的法律资质，在所从事的法律领域具有较高的专业素养，且熟悉学校教育、具有良好的职业道德。在具体工作中，中小学校法律顾问可以承担下列职责：一是参与起草、修改和审查学校规章制度和规范性文件，协助学校依法依规开展办学活动；二是为学校重大决策、办学行为、合同行为进行风险评估或提供法律论证意见，协助审查学校重大事项的相关法律文书；三是代理学校参加诉讼、仲裁及其他相关法律事务；四是参与处理学校的行政、民事非诉讼法律事务，参与调解涉及学校的重大纠纷及学校对外谈判；五是为学校提供日常法律咨询，代拟及出具相应法律文书；六是协助学校开展依法治校实践、培训和法律知识普及活动；七是对学校防控校内伤害事故等各类法律纠纷提供事前合理化建议及处置预案；八是其他与学校相关的法律事务。

二、专门学校教师协助开展预防未成年人犯罪工作

专门学校是教育矫治有严重不良行为未成年人的有效场所。专门教育是国家教育体系中的组成部分，根据预防未成年学生违法犯罪工作要求，坚持立足教育、科学矫

治、有效转化的方针,对有严重不良行为的未成年学生开展既有别于普通学校又有别于司法监所的教育活动。但是,对于不适宜进入专门学校的有严重不良行为的未成年人,以及普通学校内难以管理的未成年人,专门学校可根据其父母或其他监护人或者所在学校提出的申请或委托,选派师资力量到校开展有针对性的教育,并协助所在学校开展预防未成年人犯罪工作。

第二十四条 各级人民政府及其有关部门、人民检察院、人民法院、共产主义青年团、少年先锋队、妇女联合会、残疾人联合会、关心下一代工作委员会等应当采用多种形式,运用融媒体手段和平台,开展预防未成年人犯罪宣传教育活动。

本市加强未成年人法治教育实践基地建设,依托青少年活动中心、少年宫、禁毒科普教育场馆等场所开展预防未成年人犯罪宣传教育活动。

广播电台、电视台、报刊、互联网网站及相关移动互联网应用程序等应当刊播公益广告,积极宣传预防未成年人犯罪的法律法规。

【释义】 本条是关于预防未成年人犯罪宣传教育活动的规定。

未成年人处于生理和心理的变化期,他们虽然生理上发育较快,但心理上仍未成熟,三观尚不稳固,是独立性和依赖性、成熟性和幼稚性的交织体。在此期间,如果给予良好的教育和影响，他们就能健康地向成人过渡；反之，如果受到不良信息影响，就容易误入歧途，甚至走上违法犯罪道路。因此，本市鼓励各部门结合自身优势，综合运用融媒体手段与平台，以未成年人喜闻乐见的方式开展预防犯罪宣传教育。

一、预防未成年人犯罪宣传教育的协同推进

本条规定，预防未成年人犯罪宣传教育活动的责任主体是各级人民政府及其有关部门、人民检察院、人民法院、共产主义青年团、少年先锋队、妇女联合会、残疾人联合会、关心下一代工作委员会等。上述主体应协调配合、结合自身优势、运用融媒体手段与平台主动开展适合未成年人特点、有利于未成年人健康成长、具有知识性和趣味性的各类宣传教育活动，以加强预防未成年人犯罪宣传教育。其中，融媒体是指充分利用媒介载体，把广播、电视、报纸、互联网等既有共同点又存在互补性的不同类型媒体，在人力、内容、宣传等方面进行全面整合，实现“资源通融、内容兼融、宣传互融、利益共融”的新型媒体。预防未成年人犯罪就是要整合各种载体宣传优势，提升预防未成年人犯罪宣传教育的有效性。

二、未成年人法治教育实践基地

除理论宣传外，预防未成年人犯罪的实践教育同样不可忽视，实践教育可以让未成年人在实景学习中提升法治素养。一方面，本市有关部门要加强预防未成年人犯罪实

践教育基地的建设，形成丰富多彩的实践基地；另一方面，预防未成年人犯罪实践基地要充分利用，充分发挥作用。《条例》中列举的上海青少年校外教育活动阵地和公益性服务机构，围绕未成年人健康成长服务，充分发挥国家级示范基地作用，为未成年人提供“珍爱生命、拒绝毒品”等法治教育。中国福利会少年宫以未成年人思想道德教育为核心，以培养未成年人创新精神和实践能力为重点，通过案例剖析及调研材料，运用现代展示手段和传媒技术，结合实物陈列、影视播映、图片展示、漫画表现、互动参与等方式开展公益性、群众性文化教育活动，在寓教于乐中提升未成年人法治素养。

三、加强公益广告宣传教育

公益广告作为面向社会大众、非营利性的广告形式，其公益性、专业性、普及性、知识性以及与时俱进等特点契合了法治宣传教育的特质，可以有效发挥对未成年人的价值引领、舆论引导和法治精神培育等作用。一方面，我国的公益广告事业坚持党的领导，由党的宣传机关、媒体主管部门和工商管理部门等共同负责，具体由政府有关部门制定主题，宣传部门或广告公司进行制作，各类媒体平台进行传播。另一方面，2017 年我国又确立了“谁执法谁普法”责任制，大普法格局形成。自此，本市广播电视、新闻出版和网信等部门就需要深入了解各执法主体的普法需求，统筹协调广播电台、电视台、报纸、期刊、互联网网站及相关移动互联网应用程序等资源，以未成年人为中心，选择合适的时间、合适的渠道，有规划、有针对性地刊播公益广告，积极宣传预防未成年人犯罪的法律法规。

第二十五条 禁止在互联网网站、移动互联网应用程序上制作、复制、出版、发布、提供或者传播含有淫秽、色情、暴力、邪教、迷信、赌博、毒品、教唆犯罪、歪曲历史、引诱自杀、恐怖主义、分裂主义、极端主义等影响未成年人健康成长的网络服务和违法信息。

本市健全未成年人网络保护专项协同机制。网信、公安、新闻出版等有关部门应当依据各自职责开展预防未成年人网络犯罪工作，及时发现和查处相关违法犯罪行为。

教育、新闻出版、精神文明建设委员会、共产主义青年团等部门和单位，应当定期开展未成年人文明用网及防止网络沉迷的宣传教育。

【释义】 本条是关于网络预防的规定。

2024 年 1 月 1 日，《未成年人网络保护条例》正式实施。这是我国出台的第一部专门针对未成年人网络保护的综合性法律文件，旨在营造有利于未成年人身心健康的网络环境，保障未成年人合法权益。《未成年人网络保护条例》第 3 条规定："国家网信部门负责统筹协调未成年人网络保护工作，并依据职责做好未成年人网络保护工作。国家新闻出版、电影部门和国务院教育、电信、公安、民政、文化和旅游、卫生健康、市场监督管理、广播电视等有关部门依据各自职责做好未成年人网络保护工作。”第 22 条规定:“任何组织和个人不得制作、复制、发布、传播含有宣扬淫秽、色情、暴力、邪教、迷信、赌博、引诱自残自杀、恐怖主义、分裂主义、极端主义等危害未成年人身心健康内容的网络信息。任何组织和个人不得制作、复制、发布、传播或者持有有关未成年人的淫秽色情网络信息。”第 48 条规定:“新闻出版、教育、卫生健康、文化和旅游、广播电视、网信等部门应当定期开展预防未成年人沉迷网络的宣传教育,监督检查网络产品和服务提供者履行预防未成年人沉迷网络义务的情况,指导家庭、学校、社会组织互相配合,采取科学、合理的方式对未成年人沉迷网络进行预防和干预。”

第 52 次《中国互联网络发展状况统计报告》显示,截至 2023 年 6 月,我国网民规模为 10.79 亿,互联网普及率为 76.4%,并且“触网”低龄化趋势明显,未成年人互联网普及率近乎 100%,他们是即时通信、网络视频、短视频使用的重要群体。各类网站、App 在为未成年人带来海量知识的同时,也不可避免地夹杂着部分负面信息,可能对未成年人的身心健康产生影响甚至引发违法犯罪。因此,为未成年人营造风清气正的网络生态环境是保护未成年人健康成长,预防未成年人犯罪的有力举措。

一、禁止互联网传播危害未成年人健康成长的信息

《未成年人保护法》等法律有规定,网信部门应会同公

安、文化和旅游、新闻出版、电影、广播电视等部门根据不同年龄阶段未成年人的需要，确定可能影响未成年人身心健康网络信息的种类、范围和判断标准。其中，影响未成年人身心健康的信息包括淫秽、色情、暴力、邪教、赌博、引诱自杀、恐怖主义、分裂主义、极端主义等信息，这类信息不仅危害未成年人身心健康，也危害社会公共利益，应采取最严格的禁止方式。对此，新闻出版部门也出台过相关认定标准，如《关于认定淫秽及色情出版物的暂行规定》以及《关于认定淫秽与色情声讯的暂行规定》等，应予以遵行。

二、健全本市未成年人网络保护协同机制

本条规定由网信、公安、新闻出版等有关部门依据各自职责开展预防未成年人网络犯罪。一是明确了参与该工作的各个部门，有利于该工作的启动与开展。二是规定了相关部门要共同参与，由网信部门牵头，积极整合各方资源，共同净化网络空间，并重点对未成年人网络沉迷问题进行宣传教育，具体包括：

(一) 网络沉迷及其危害

网络沉迷也称“网络成瘾”，是指在无成瘾物质作用下对互联网使用冲动的失控行为，表现为过度使用互联网后导致明显的学业、职业和社会功能损伤。网络成瘾包括网络游戏成瘾、网络色情成瘾、信息收集成瘾、网络关系成瘾、网络赌博成瘾、网络购物成瘾等。根据《中国青少年健康教育核心信息及释义(2018版)》的表述,网络成瘾已经与近视、肥胖等成为未成年人面临的常见健康问题。未成年人沉迷网络的危害主要在于:一是沉迷网络会造成未成年人因过度上网而睡眠不足,注意力、视力下降等症状,严重影响其身体机能的健康发育;二是未成年人沉迷的网络产品和服务中可能含有色情、暴力等危害和影响未成年人身心健康的信息,会对未成年人的心理健康造成严重影响;三是沉迷网络使未成年人将大量时间花费在网络虚拟世界中,不仅会造成学习成绩下降甚至学业荒废等后果,而且会阻碍未成年人正常的人际交往,无法有效实现未成年人的社会化。

(二)网络沉迷的预防

教育、新闻出版、精神文明建设委员会、共产主义青年团等要积极会同当地宣传部门以及新闻媒体,集中在开学后、放假前等重点时段播放预防未成年人沉迷网络提醒,及时向家长推送防范知识。中小学校可通过课堂教学、主题班会、板报广播、校园网站、案例教学、专家讲座、演讲比赛等多种形式开展主题教育。

第二十六条 居民委员会、村民委员会应当积极开展预防未成年人犯罪宣传教育活动,协助公安机关维护学校周围治安,及时掌握本辖区内未成年人的监护、就学、就业情况,组织、引导社会组织参与预防未成年人犯罪工作。

【释义】 本条是关于居民委员会、村民委员会预防未成年人犯罪职责的规定。

《城市居民委员会组织法》《村民委员会组织法》对居民委员会、村民委员会的法定职责作了规定。作为未成年人保护工作的最基层组织，居民委员会、村民委员会与未成年人及其家庭关系最为接近。通过立法进一步明确居民委员会、村民委员会的具体职责，为其开展工作提供了法律依据。具体而言，居民委员会、村民委员会在预防未成年人犯罪方面的职责主要有以下几个方面：

一、协助公安机关维护学校周围治安

《城市居民委员会组织法》第3条规定，居民委员会的任务包括宣传宪法、法律、法规和国家的政策，维护居民的合法权益，教育居民履行依法应尽的义务。《村民委员会组织法》第9条规定，村民委员会应当宣传宪法、法律、法规和国家的政策，教育和推动村民履行法律规定的义务、爱护公共财产，维护村民的合法权益。居民委员会、村民委员会是自我管理、自我教育、自我服务的基层群众性自治组织，预防未成年人犯罪是一项公共事务和公益事业，居民委员会、村民委员会应积极配合、协助公安机关维护学校周围治安，为未成年人创造积极健康的生活学习环境。

二、及时掌握本辖区内未成年人的监护、就学、就业情况

早在2016年，《国务院关于加强困境儿童保障工作的意见》要求，村(居)民委员会要设立由村(居)民委员会委员、大学生村官或者专业社会工作者等担任的儿童福利督导员或儿童权利检察员，负责困境儿童保障政策宣传和日常工作。2019年，民政部、教育部、公安部等十部门联合印发《关于进一步健全农村留守儿童和困境儿童关爱服务体系的意见》，明确要求在村(居)一级设立“儿童主任”，由村(居)民委员会委员、大学生村官或者专业社会工作者等担任。预防未成年人犯罪工作有一定的特殊性和专业性，村(居)民委员会及时掌握本辖区未成年人的监护、就学、就业情况不仅有利于为未成年人提供及时的帮助，更能对有违法犯罪倾向的未成年人进行及时劝导。

三、组织、引导社会组织参与预防未成年人犯罪工作

社会组织是指由一定数量的社会成员为实现特定的社会目标，执行特定的社会职能，根据给定的准则和规章相互协作、共同活动的社会群体。社会组织在预防未成年人犯罪中具有其他组织无法替代的作用，可以向未成年人及其父母或者其他监护人提供社会工作专业服务，开展预防犯罪的宣传教育、家庭教育指导、心理辅导和未成年人司法社会服务等工作。村(居)民委员会应支持、鼓励、引导社会组织开展上述服务，提供必要的咨询和帮助。

第二十七条 本市支持未成年人依托学校共青团、少年先锋队、学生联合会、社团等学生组织开展同伴教育，平等交流、互帮互助，学习法律知识，了解未成年人犯罪风险

因素，增强预防犯罪的意识和能力，加强自我教育、自我管理、自我服务，实现健康成长。

学校应当为学生开展预防犯罪的同伴教育提供支持、创造条件。

【释义】 本条是关于在校未成年人同伴教育的规定。

我国自古以来便有同伴教育的传统，同伴教育是未成年人间的平等交流与自我教育。在《条例》起草过程中，本市多所中小学校的未成年学生提出了应当在预防犯罪教育中加入同伴教育的内容，经反复修改与论证后形成了本条的相关规定，这也是充分彰显未成年人主体地位、践行全过程人民民主的体现。具体而言，同伴教育即利用未成年人的趋众倾向，先对未成年人中有影响力和号召力的同伴教育者进行预防犯罪相关培训，使其掌握相应的知识和技巧，然后再由他们向周围的未成年人传播知识和技能，以达到教育目的。

在同伴教育的组织上，学校共青团、少年先锋队、学生联合会、社团等团学组织聚集了大量的未成年人，是未成年人之间开展同伴教育的重要平台。在同伴教育的内容上，教育内容不再局限于书本知识，还包括社会信息、生活经验、科技知识、思想道德、情感态度以及预防犯罪相关的法律法规等，从而了解未成年人犯罪风险因素，增强预防犯罪的意识和能力，加强自我教育、自我管理、自我服务，实现健康成长。在同伴教育的开展上，同伴教育打破了传统的讲授式学习方式，同伴可在线下一起学习、讨论、实践，可使用微博、微信、抖音等新媒体平台进行线上教与学，既可开展集体教学，也可由学生自发组织、自由组合开展个性化学习。

学校应当为学生开展预防犯罪的同伴教育提供支持、创造条件。例如，学校可以尝试建构合作学习的教室环境，并符合四个方面要求：一是走廊空间要宽阔。目前，部分教室前的走廊较窄，只够两个人并排行走，学生无法在走廊进行学习交流；未来新建教室应将走廊建宽，便于学生课后在走廊开展学习交流。二是室内活动要方便。从“空间多功能化”角度对传统教室进行改造，便于阅读、书写展示等活动的一体化开展；还可以根据学习需要建立功能区，使学生既可以自主学习，又可以进行小组合作学习，更可以展示学习。三是“双网”信号要畅通。按照“学习空间人人通”的要求，教室每一个角落应实现有线、无线“双网”全覆盖，随时随处与世界“接通”。四是教学设备要齐全。教室配备师生教学互动的多媒体一体机，要有自动跟拍系统、移动学习终端、常用的实验和学习工具，以及每生一台平板电脑学习机等。

第二十八条 本市将预防未成年人犯罪工作纳入平安上海建设，营造全社会共同预防未成年人犯罪的社会环境，抵制吸毒贩毒、网络赌博、传播淫秽物品等容易引发未成年人犯罪的行为。

鼓励单位和个人关心关爱遭受家庭暴力、监护缺失、重大家庭变故等因素影响的未成年人，以及义务教育结束后未能继续就学或者就业的未成年人。

【释义】 本条是关于本市预防未成年人犯罪社会共治的规定。

上海城市建设发展坚持以习近平新时代中国特色社会主义思想为指导，认真学习贯彻党的二十大精神，以及市十二次党代会精神，深入实施法治上海、法治政府、法治社会建设规划。上海建设具有世界影响力的社会主义现代化国际大都市，是我国建设富强民主文明和谐美丽的社会主义现代化强国的一个缩影，是极具创造性的探索实践。预防未成年人犯罪与社会长治久安密切相关，理应纳入上海建设具有世界影响力的社会主义现代化国际大都市蓝图，加强预防未成年人犯罪工作，深化法治社会建设，也是为实现第二个百年奋斗目标、实现中华民族伟大复兴的中国梦贡献上海力量。

一、营造良好社会环境

未成年人的身心发育尚未成熟，容易受到外界因素影响，社会化尚未完成，需要社会给予特殊、优先保护，积极营造良好的社会环境是全社会共同责任。未成年人是祖国的未来，民族的希望，是党和国家事业后继有人的重要保证。同时，未成年人的成才和教育也牵动着成千上万个家庭的心。习近平总书记深刻指出："全社会都要了解少年儿童、尊重少年儿童、关心少年儿童、服务少年儿童，为未成年人提供良好的社会环境。”本条是从法律层面倡导全社会关心、爱护未成年人，有利于进一步提升全社会各方面对预防未成年人犯罪的重视程度，有利于预防未成年人犯罪工作的开展，有利于为预防未成年人犯罪提供良好的社会环境。

二、鼓励社会关爱特殊未成年人

遭受家庭暴力、监护缺失、重大家庭变故等因素影响的未成年人，以及义务教育结束后未能继续就学或者就业的未成年人都是需要给予社会关爱甚至特别保护的未成年人。其中，根据《反家庭暴力法》第 2 条：“家庭暴力，是指家庭成员之间以殴打、捆绑、残害、限制人身自由以及经常性谩骂、恐吓等方式实施的身体、精神侵害行为。”《上海市未成年人保护条例》规定，“监护缺失包括：(一)因死亡、失踪、失联、重残、重病、被执行限制人身自由的刑罚和措施、被撤销监护资格、被遣送(驱逐)出境等原因，无法履行监护职责的；(二)因突发事件等紧急情况正在接受治疗、被隔离观察或者参与相关应对工作，无法履行监护职责的；(三)法律规定的其他情形”。重大家庭变故往往包括丧亲、重病、离异。

对于本条规定的未成年人，单位及个人都应给予更多的关爱和关心，让未成年人感受除家庭之外来自社会的温暖，在社会单位及其他个人的关爱下也能健康茁壮成长。

第二十九条 人民检察院对在工作中发现或者其他部门移送的涉及未成年人不良行为、严重不良行为和违法犯罪行为的线索，应当依法办理，并督促未成年人的父母或者其他监护人、学校、居民委员会、村民委员会、相关部门对未成年人进行帮助和教育；必要时，应当对未成年人的父母或者其他监护人进行教育，督促其依法履行监护职责。

【释义】 本条是关于检察机关督促教育的规定。

一、依法办理未成年人案件

依法办理未成年人案件是公正司法的重要内容。检察机关作为国家法律监督机关，参与未成年人司法的全过程，在未成年人司法保护和犯罪预防中承担着重要责任。对于在工作中发现或者其他部门移送的涉及未成年人不良行为、严重不良行为和违法犯罪行为的线索，检察机关应当依法办理。一方面，坚持宽严相济刑事政策，对主观恶性不大、犯罪情节轻微，属于初犯、偶犯的未成年人，依法作出不批准逮捕、不起诉、附条件不起诉等决定，并开展社会观护监督考察，最大限度教育、感化、挽救涉罪未成年人。另一方面，对于主观恶性大、情节恶劣、手段残忍、后果严重的未成年犯罪嫌疑人，依法惩处，充分发挥法律的教育和警示作用。

二、督促相关主体对未成年人进行帮助和教育

根据《预防未成年人犯罪法》的规定，未成年人的父母

或其他监护人、学校、居民委员会、村民委员会、公安机关、教育行政部门应当对实施不良行为、严重不良行为的未成年人进行帮助教育，落实分级干预措施。人民检察院在工作中发现未成年人实施不良行为、严重不良行为，并且未得到及时干预的，应当依法履行法律监督职责，督促有关个人、组织、单位依据法律规定，及时采取帮助教育措施。

三、对未成年人父母或其他监护人进行教育，督促履行职责

根据《预防未成年人犯罪法》第 16 条的规定，未成年人的父母或者其他监护人对未成年人的预防犯罪教育负有直接责任，应当依法履行监护职责，树立优良家风，培养未成年人良好品行；发现未成年人心理或者行为异常的，应当及时了解情况并进行教育、引导和劝诫，不得拒绝或者怠于履行监护职责。人民检察院发现未成年人父母或其他监护人未依法履行上述责任的，应当对其进行教育，督促其依法履行预防未成年人犯罪的家庭保护责任。

第四章　对不良行为的干预

第三十条　未成年人不良行为，是指未成年人实施的不利于其健康成长的下列行为：

（一）吸烟、饮酒；

（二）多次旷课、逃学；

（三）无故夜不归宿、离家出走；

（四）沉迷网络；

（五）与社会上具有不良习性的人交往，组织或者参加实施不良行为的团伙；

（六）进入法律法规规定未成年人不宜进入的场所；

（七）参与赌博、变相赌博，或者参加封建迷信、邪教等活动；

（八）阅览、观看或者收听宣扬淫秽、色情、暴力、恐怖、极端等内容的读物、音像制品或者网络信息等；

（九）其他不利于未成年人身心健康成长的不良行为。

【释义】 本条是关于未成年人不良行为定义的规定。

未成年人不良行为具有进一步演变为严重不良行为乃至违法犯罪的可能性。未成年人严重不良行为甚至犯罪行为的产生是一个逐步演化的过程，未成年人不良行为则是向严重不良行为、违法犯罪行为演变的重要基础和原因。若父母或者其他监护人、学校等履责主体疏于对未成年人不良行为的管理，无法对未成年人不良行为采取有效干预措施，则未成年人不良行为极有可能进一步演变为严重不良行为甚至违法犯罪行为。对此，2020 年 12 月《预防未成年人犯罪法》修订时完善了关于未成年人不良行为范围的规定，不良行为是指未成年人在家庭、学校、网络、社会等场域所实施的不利于自身健康成长的行为集合，具体表现为两个方面：一是像“吸烟、饮酒”“多次旷课、逃学”“无故夜不归宿、离家出走”“沉迷网络”“进入法律法规规定未成年人不宜进入的场所”“阅览、观看或者收听宣扬淫秽、色情、暴力、恐怖、极端等内容的读物、音像制品或者网络信息”等未成年人个体化不良行为，产生此类不良行为的主要原因在于未成年人价值观不成熟、自律能力差、网络及他人的不良影响等；二是像“与社会上具有不良习性的人交往，组织或者参加实施不良行为的团伙”“参与赌博、变相赌博，或者参加封建迷信、邪教等活动”等未成年人在集体中产生的不良行为，相比未成年人“吸烟、饮酒”等不良行为产生原因的多元化，此类不良行为直接受他人影响的因素更多，同样值得关注。

《条例》中关于未成年人吸烟、饮酒、参与赌博等不良行为的定义既参照了国内现行法律法规的规定，也兼顾了社会风尚、现代医学等因素。2021 年 6 月施行的《未成年人保护法》第 17 条明确规定了未成年人的父母或监护人不得放任、唆使未成年人吸烟、饮酒、赌博、流浪乞讨或者欺凌他人；不得放任未成年人沉迷网络，接触危害或者可能影响其身心健康的图书、报纸、期刊、电影、广播电视节目、音像制品、电子出版物和网络信息等；不得放任未成年人进入营业性娱乐场所、酒吧、互联网上网服务营业场所等不适宜未成年人活动的场所。《中小学生守则(2015 年修订)》要求未成年人“坚持锻炼身体，乐观开朗向上，不吸烟不喝酒，文明绿色上网”。现代医学也已证明，未成年人心肺等器官尚未完全发育成熟，对于烟酒等刺激物的负向反应更为激烈，抽烟喝酒对未成年人的伤害更大。可见，未成年人“吸烟、饮酒”“多次旷课、逃学”“无故夜不归宿、离家出走”“沉迷网络”等行为是被《未成年人保护法》明令禁止的，不符合社会对未成年人的期待，更不利于未成年人的身心健康发展。预防未成年人犯罪，必须研判未成年人不良行为特点。未成年人不良行为具有以下特点：

一方面，与未成年人严重不良行为及违法犯罪行为相比，诸如“吸烟、饮酒”“多次旷课、逃学”“沉迷网络”等不良行为的危害主要体现在对未成年人自身的身心发展上。尤其处于中小学阶段的未成年人频发不良行为极易影响自身正常课堂学习、同学人际交往及与父母或者其他监护人的良性互动。未成年阶段是个人成长的关键阶段，未成年期间养成的思想及行为习惯会影响个人终生。当下，未成年人生活在物质精神条件十分充裕的新时代，要尤其注重未成年人不良行为自害性特点，采取积极有效手段加以干预，为培养符合新时代要求的时代新人创造条件。

另一方面，未成年人不良行为具有一定的身份特征，即“未成年人”这一特殊身份决定了不良行为必须被有效干预。对于成年人来说，吸烟、饮酒、出入网吧等场所不被提倡，但也并未明令禁止。而对于未成年人来说，吸烟、饮酒等行为却是被明令禁止的，原因就在于“未成年人”这一特殊身份。未成年人身体、心智发育并未完全成熟，难以承受烟酒及未成年人不适宜进入场所的影响，因而未成年人“吸烟、饮酒”等被定义为不良行为。要有效干预未成年人不良行为，必须从细微处做起，把握未成年人不良行为特点，针对性施策。

第一，要在制度执行层面上严格把关，有效降低未成年人不良行为发生的风险。未成年人家长或者其他监护人、学校、青少年事务社工、公安机关、居民委员会、村民委员会等履责主体必须切实加强责任意识，增强履责能力，做好履责成效评价，从多维度多方面形成对未成年人不良行为干预的合力。

第二，要在社会主义核心价值观指引下，在社会良好风尚熏陶下针对性干预未成年人不良行为，既达到惩前毖后的作用，又起到综合育人的效果。未成年人吸烟、喝酒、沉迷网络、参与赌博、参与封建迷信等活动既不符合法律法规规定，也不符合社会主流意识形态要求，必须明确予以制止，及时干预。但在干预未成年人不良行为的同时，也要注重未成年人综合素质的提升。比如，要教育未成年人正确使用网络信息技术，正确看待人际交往价值及提升健康人际交往的能力，推动未成年人养成积极向上、乐观善良的生活态度。

第三，要做好干预未成年人不良行为反馈机制建设，预防未成年人不良行为的再次发生。与未成年人违法犯罪等性质严重的行为相比，抽烟喝酒等不良行为的再次发生极易引起家长或其他监护人、学校、社会相关团体的忽视。系统有效干预未成年人不良行为必须加强未成年人不良行为干预反馈机制建设,推动本市未成年人不良行为干预工作精准施策,久久为功。

第三十一条 未成年人的父母或者其他监护人发现未成年人实施不良行为的,应当及时制止并加强管教。

未成年人的父母或者其他监护人应当预防和制止未成年人组织或者参加实施不良行为的团伙;发现该团伙有违法犯罪嫌疑的,应当立即向公安机关报告。

未成年人的父母或者其他监护人应当预防和制止未成年人进入营业性歌舞娱乐场所、互联网上网服务营业场所、酒吧、棋牌室等不适宜未成年人进入的场所。

未成年人的父母或者其他监护人在干预未成年人不良行为时遇到困难的,可以向学校、居民委员会、村民委员会或者有关社会组织等寻求帮助;相关机构或者组织应当及时提供帮助。

【释义】 本条是关于未成年人的父母或者其他监护人对未成年人不良行为进行干预的规定。

未成年人的父母或者其他监护人作为未成年人最为依赖和最为信任的主体在未成年人不良行为的预防及干预中始终起着关键作用,未成年人的父母或者其他监护人应当对未成年人不良行为及时制止并加强管教。例如,未成年人的父母或者其他监护人在家庭保护中应当履行教育未成年人学习科学文化知识、关注未成年人心理成长动态、创造良好家庭氛围等职责，并应预防和制止未成年人的不良行为和违法犯罪行为，进行合理管教。父母或者其他监护人对未成年人不良行为的干预，主要表现在以下三个方面：

一是应及时发现未成年人组织或者参加实施不良行为的团伙，并依法将具有违法犯罪嫌疑的团伙报告至公安机关。向公安机关报告具有违法犯罪嫌疑的团伙不仅是未成年人健康成长和家庭和睦的“家事”，也是事关公共集体利益的“公事”。《刑事诉讼法》第 110 条规定任何单位和个人发现有犯罪事实或者犯罪嫌疑人，有权利也有义务向公安机关、人民检察院或者人民法院报案或者举报。当未成年人参与不良团伙时，父母或者其他监护人要切实履责，及时加以制止并依法履行报告义务。

二是未成年人父母或者其他监护人应当加强对未成年人的教育，预防和制止未成年人出入不适宜未成年人出入的场所。我国《未成年人保护法》《互联网上网服务营业场所管理条例》《娱乐场所管理条例》等均对未满十八周岁的未成年人禁止出入营业性歌舞娱乐场所、互联网上网服务营业场所、酒吧、棋牌室等场所作出了规定。未成年人父母或者其他监护人应善用、敢用法律武器，依法制止未成年人进出上述场所。

三是当未成年人的父母或者其他监护人在家庭教育、不良行为干预等方面存在困难时，可以主动寻求学校、村居等的帮助，形成家校社协同干预的良好局面。一方面，家长可以积极参加学校组织的家庭教育指导和家校互动活动，自觉学习家庭教育知识和不良行为干预方法，积极配合学校依法依规严格管理教育学生。同时，要及时主动向学校沟通子女在家中的思想情绪、身心状况和日常表现，切实履行法定监护职责，会同学校加强犯罪预防教育。另一方面，家长要充分认识社会实践大课堂对子女行为引导与法治教育的重要作用，根据子女年龄情况，主动参与村居委会开展的多种形式的法治宣传、文明实践、社会劳动、志愿服务、职业体验实践活动，当子女出现不良行为时，也可以积极寻求村居委会和社会工作服务机构等相关社会组织的帮助，配合其开展未成年人的心理与行为矫治。

第三十二条 学校对实施不良行为的未成年学生，应当加强管理教育，不得歧视；对拒不改正或者情节严重的，可以根据情况予以处分或者采取以下管理教育措施：

（一）予以训导；

（二）要求遵守特定的行为规范；

（三）要求参加特定的专题教育；

（四）要求参加校内服务活动；

（五）要求接受青少年事务社会工作者或者其他专业人员的心理辅导和行为干预；

（六）其他适当的管理教育措施。

【释义】 本条是关于学校对未成年人不良行为进行管理教育的规定。

学校是教书育人的主阵地,是未成年人生活、学习、人际交往的重点场所,也是干预未成年人不良行为的重要主体。当未成年人出现不良行为时,学校应积极采取适当的管理教育措施。对拒不改正或者情节严重的,学校可依法对未成年人进行训导,要求其遵守特定的行为规范、参加特定的专项教育、参加校内服务活动、接受青少年事务社会工作者或者其他专业人员的心理辅导和行为干预等。

第一,予以训导。训导即教训开导,具有教育惩戒与教育引导双重含义。对未成年人不良行为予以训导,教育惩戒是手段,教育引导是目的。值得注意的是,训导不是体罚。《中国儿童发展纲要(2021—2030年)》强调"预防和制止针对儿童一切形式的暴力",学校教育者应依法合理使用管教权利,避免出现体罚或者变相体罚学生的行为。可见,与训导相比,体罚具有显著的侮辱未成年人人格、伤害未成年人身体的因素。训导也不是训诫。训诫则专指人民法院、公安机关等对某些违法犯罪分子或者违反法庭规则的行为人进行批评教育,并责令其改正,不得再犯的行为。可见,训诫的对象是产生违法犯罪或者违反法庭规则的行为人,而训导的对象是有不良行为的未成年人。

第二,要求遵守特定的行为规范。未成年人不良行为通常会通过抽烟饮酒、出入网吧等未成年人不适宜进入的场所等行为表达出来，具有明显的负面性。当不良行为出现时，学校可以要求学生遵守特定的行为规范，通过正向行为不断弱化不良行为的负面性，从而达到有效干预未成年人不良行为的目的。例如，学校可以依据相关法律法规要求产生不良行为的未成年人在校平等待人、学习先进，在家孝顺父母、团结邻里，在社会遵守规则、热心助人等。

第三，要求参加特定的专项教育。教育始终是有效干预未成年人不良行为的基础性途径。学校要牢牢落实立德树人根本任务，积极开展特定的专项教育。例如，学校可以加强中国历史特别是近现代史教育、革命文化教育、中国特色社会主义宣传教育、中国梦主题宣传教育、时事政策教育等，引导学生深入了解中国革命史、中国共产党史、改革开放史和社会主义发展史，继承革命传统，传承红色基因。

第四，要求参加校内服务活动。根据教育部《中小学教育惩戒规则（试行）》，校内服务活动属于“较重教育惩戒”，是有效干预未成年人不良行为的重要途径，也是促进未成年人身心健康发展的有效渠道。校内服务活动落脚点在“服务”，即利他性，旨在不断培养未成年人奉献意识和服务意识，不断规训自己的行为。一般而言，校内服务活动的对象是违规违纪情节较重或者经当场教育惩戒拒不改正的学生，可以经德育工作负责人训导后要求其参加校内公共服务。

第五，要求接受青少年事务社会工作者或者其他专业人员的心理辅导和行为干预。得益于专业化和体系化优势，青少年事务社会工作者或者其他专业人员能够从深层次把握未成年人心理动态，研判未成年人不良行为习惯产生原因及演化特点。学校在遇到拒不改正或者不良行为情节严重的未成年人时，可以要求未成年人接受专业化的辅导和帮助，并对未成年人接受青少年事务社会工作者或者其他专业人员的心理辅导和行为干预提供必要帮助。

第六，其他适当的管理教育措施。管理教育的本质是学校、教师基于教育目的，对违规违纪、不良行为学生进行管理、训导或者以规定方式予以矫治，促使学生引以为戒、认识和改正错误的教育行为，管理教育不是惩罚，而是教育的一种方式。当未成年人出现不良行为时，学校、教师可以根据情况灵活行使教育权和管理权，采取适当的措施。

第三十三条　学校决定对未成年学生采取管理教育措施的，应当及时告知其父母或者其他监护人；未成年学生的父母或者其他监护人应当予以支持、配合。

未成年学生旷课、逃学的，学校应当及时告知其父母或者其他监护人，必要时进行家访，对其父母或者其他监护人提供指导和帮助。

【释义】　本条是关于预防未成年人犯罪工作中家校联动的规定。

有效干预未成年人不良行为离不开学校与家庭的双向努力。学校和家庭是未成年人的生活、学习、交往场所，学校有必要加强与家庭的交流和合作。学校决定对未成年学生采取管理教育措施时，应当积极与未成年人父母或者其他监护人沟通。同样，未成年人父母或者其他监护人也应当支持学校各项工作，积极配合学校开展对未成年人的管理教育。

本市近年来在家校联动、协同育人上不断取得进展，学校积极主导、家庭主动尽责、社会有效支持的协同育人机制更加完善，促进学生全面发展健康成长的良好氛围更加浓厚。在家校联动方面，学校应充分发挥协同育人主导作用，学校是教书育人的主阵地，要认真履行教育教学职责，全面掌握并向家长及时沟通学生在校期间的思想情绪、学业状况、行为表现和身心发展等情况，同时向家长了解学生在家中的有关情况。积极创新日常沟通途径，通过家庭联系册、电话、微信、网络等方式，保持学校与家庭的常态化密切联系，帮助家长及时了解学生在校日常表现；要认真落实家访制度，学校领导要带头开展家访，班主任每学年对每名学生至少开展 1 次家访，鼓励任课教师有针对性开展家访。而针对未成年学生旷课、逃学的，学校应高度重视，及时告知其父母或者其他监护人，必要时进行家访，强化家庭教育指导，帮助未成年学生养成良好的行为习惯。

同时，父母或其他监护人也应切实履行家庭教育主体责任。家长要强化家庭是第一个课堂、家长是第一任老师的责任意识，注重家庭建设，坚持以身作则、言传身教，培育向上向善家庭文化，积极传承优良家风，弘扬中华民族家庭美德，构建和谐和睦家庭关系，为子女健康成长创造良好家庭环境。要树立科学家庭教育观念，遵循素质教育理念和未成年人身心发展规律，注重培养子女良好思想品德、行为习惯和健康身心，促进其全面发展。当未成年子女出现旷课、逃学等不良行为时，家长应及时劝诫、制止和管教，切实做到严慈相济，促进子女更好地成长。需要帮助时，家长可以向学校寻求指导与帮助并积极配合学校相应管理教育措施的开展。

第三十四条 本市探索青少年事务社会工作者驻校或者联系学校工作机制，依托青少年事务社会工作站点及青少年事务社会工作者协助中小学校开展道德法治教育、生命教育、心理健康教育、毒品预防教育、行为矫治等活动。

【释义】 本条是关于青少年事务社工驻校或者联校的规定。

学校是未成年人学习生活的重要场域，是学生心理健康问题、行为问题及与环境互动后失衡的呈现场所，也是早期识别和提前干预的重要阵地。目前学校的干预机制主要以心理和德育为主，为学生提供了包括主题班会、心理咨询、心理健康教育课程、道德与法制课等在内的一系列活动。但学生的问题不仅与心理、德育层面的因素有关，还涉及人际关系在内的复杂的社会环境要素，因此有必要引入社会力量，形成“家—校—社”协同育人的体系。其中，由社会工作服务机构开展的学校社会工作具有促进学生与环境良性互动，进而实现全面健康发展的服务理念和专业优势，可以有效促进学生个体成长、改善学生支持网络、助力班级建设、促进家校互动、提升家长的家庭教育意识、促进社会教育、助益素质教育和师资建设等，从而不断优化学校教育环境，在根本上预防和减少未成年人违法犯罪。

近年来，本市在积极探索青少年事务社会工作者有效干预未成年人不良行为机制中积累了重要经验。为进一步探索学校社会工作的制度机制、服务体系及实践路径，2021年经市青少年服务保护办及市教委的联合部署，宝山区十所中小学校开展了学校社会工作试点，其中驻校模式两所、联校模式八所，为未成年人不良行为干预提供保障，为未成年人健康成长保驾护航。具体而言，社工可以为处于成长性、境遇性危机的学生个体提供直接的危机干预类服务；为存在家庭监护缺失或不当、亲子关系紧张等情形的家庭提供服务；为家庭关系调适及社会支持提供服务；为普遍性的学生群体提供体验式危机预防类服务。通过危机个案介入、体验预防类主题活动的开展，学校社会工作成为学校教育非常重要的辅助性和补充性力量。

本条在总结试点经验的基础上，对社工驻校或者联校机制作出进一步部署，明确了社工协助中小学校开展的各类活动：一是道德法治教育。道德法治教育通过向学生传递中华优秀传统文化和革命文化、社会主义先进文化以及社会主义法治理念、习近平法治思想等，引导学生养成良好政治素质、道德品质、法治意识和行为习惯，自觉远离违法犯罪。二是生命教育。生命教育的目的在于让学生了解生命的意义及价值，挖掘生命的潜能，建立积极的人生观。社会工作者可以运用体验式学习法开展生命教育，通过生命体验、角色扮演、情境模拟、小组游戏、辩论、演讲等灵活积极的活动形式，促进、启发学生反思，达到了生命教育的服务目标。三是心理健康教育。针对学生在学习、生活、人际关系和自我意识等方面可能遇到的心理失衡问题，社会工作者既可以配合学校心理老师进行个别指导，也可以结合自身资源优势上门为学生及其家长提供援助，通过专业方法和技巧的运用，帮助学生与家长加强沟通，缓解亲子矛盾，改善家庭关系，从而与学校心理健康教育形成良性的互补。四是毒品预防教育。社会工作者可以调动社会资源如上海市禁毒科普教育馆等，将毒品预防教育带入学校，讲清毒品对个人、家庭、社会、国家的危害，引导学生坚定地远离毒品、抵制毒品，切实保护学生身心健康。五是行为矫治及其他活动等。行为矫治是社会工作者针对部分学生提供针对性个案服务，旨在理解学生行为问题的本质和原因，并从关系的层面出发制定干预策略，通过深入访谈、情境教育等各类措施修复学生与家庭、同伴、教师以及社会等环境之间的关系失衡，最终从根本上解决学生的行为偏差问题。

第三十五条 **公安机关对实施不良行为的未成年人，应当及时制止、对其进行法治教育，并督促其父母或者其他监护人依法履行监护职责。**

【释义】 本条是关于公安机关对实施不良行为的未成年人进行干预的规定。

公安机关具有影响力大、权威性高、专业性强的特点，是及时制止未成年人不良行为，并对未成年人开展法治教育的关键力量。公安机关可依托其专业的人才与知识储备、丰富的法治教育资源、权威的不良行为干预手段实现未成年人不良行为的依法与高效干预。在干预未成年人不良行为时，公安机关应明确干预目标，把握教育原则，提升干预成效，不断提升公安机关在干预未成年人不良行为，预防未成年人犯罪中的作用。近年来，本市公安机关在干预未成年人不良行为、开展普法宣传方面已经进行了积极的实践，积累了丰富的经验。

根据本条规定，公安机关一是要在制止未成年人不良行为时及时对其进行法治教育。法治教育包括两个方面，可以是狭义的法治教育，即告知当事人行为的危害性及后果，增强其法律意识与法治观念，防止不良行为进一步向严重不良行为甚至犯罪行为发展；也可以是广义的法治教育，即结合未成年人身心特点，用案例讲解、视频动画等未成年人乐于接受的形式，让未成年人明白哪些行为被法律所不许，以及相应的法律后果，进而从源头上规范未成年人的行为，引导其保护自己与他人的安全。二是要督促未成年人的父母或者其他监护人依法履行监护职责。未成年人不良行为的发生，与监护人监护失职、教育方式不当等存在紧密联系，部分监护人在教育过程中缺少沟通和关怀，与子女互相缺乏信任，导致未成年人出现了心理与行为的偏差。公安机关在制止有未成年人的不良行为时，应当督促未成年人的父母或者其他监护人依法履行监护职责，必要时可自行或委托青少年事务社工开展家庭教育指导，纠正不当的教育方式，修复亲子关系。

第三十六条 未成年人无故夜不归宿、离家出走的，父母或者其他监护人、所在的寄宿制学校应当及时查找，必要时向公安机关报告。

任何单位或者个人发现未成年人无故夜不归宿、离家出走、流落街头、出入未成年人不适宜进入的场所，以及旷课、逃学在校外闲逛等情形，应当及时联系其父母或者其他监护人、所在学校；无法取得联系的或者必要时，应当及时向公安机关报告。

对未成年人夜不归宿、离家出走、流落街头、出入未成年人不适宜进入的场所等情形，公安机关、公共场所管理机构等部门和单位发现或者接到报告后，应当及时采取有效保护措施，并通知其父母或者其他监护人、所在学校，必要时应当护送其返回住所或者寄宿的学校；无法与其父母或者其他监护人、学校取得联系的，应当护送未成年人到救助保护机构接受救助。乡镇人民政府、街道办事处、所在学校、住所地社会工作服务机构等应当进行针对性的教育帮扶。

【释义】 本条是关于未成年人无故夜不归宿、离家出走的发现、报告与处置制度的规定。

无故夜不归宿是指未成年人未经父母或其他监护人同意而在外面过夜，是逃避监护的行为。夜不归宿使未成年人处于失控状态，夜晚也是违法犯罪行为的多发时段。同时，未成年人得不到及时有效的保护会存在失踪、被害、被绑架的可能。因此，未成年人无故夜不归宿、离家出走、流落街头，往往是违法犯罪或者遭受不法侵害的开始。有调查显示，未成年人离家出走意念同危险行为间具有正向关系。这意味着未成年人离家出走意念的加强会影响未成年人危险行为的发生。因此，未成年人无故夜不归宿、离家出走应引起父母或者其他监护人、学校、社会以及公安机关的重视，及时干预，切实保护未成年人的身心健康。

首先，未成年人父母或者其他监护人应依法履行监护职责，为未成年人提供良好的生活、学习条件，密切关注未成年人思想动态。当发现未成年人无故夜不归宿、离家出走时，父母或者其他监护人应当及时查找，必要时向公安机关报告。未成年人的父母或者其他监护人应当为未成年人提供生活、健康、安全等方面的保障；关注未成年人的生理、心理状况和情感需求；教育和引导未成年人遵纪守法、勤俭节约，养成良好的思想品德和行为习惯；对未成年人进行安全教育，告诫未成年人无故夜不归宿、离家出走、流落街头的危害，提高未成年人的自我保护意识和能力。

其次，寄宿制学校应积极开展未成年人安全教育，提升未成年人生命和安全意识。为加强寄宿制学生安全管理，及时堵住未成年人无故夜不归宿、离家出走的“漏洞”，《学生伤害事故处理办法》规定：对未成年学生擅自离校等与学生人身安全直接相关的信息，学校发现或者知道，但未及时告知未成年学生的监护人，导致未成年学生因脱离监护人的保护而发生伤害的，学校应当依法承担相应的责任。学校应当在加强安全教育的同时，依法履责。当发现未成年人无故夜不归宿、离家出走时应第一时间寻找并告知未成年人父母或者其他监护人，必要时向公安机关报告。

再次，任何单位或者个人发现未成年人无故夜不归宿、离家出走、流落街头、出入未成年人不适宜进入的场所，以及旷课、逃学在校外闲逛等情形，应当及时联系其父母或者其他监护人、所在学校；无法取得联系的或者必要时,应当及时向公安机关报告。

最后,公安机关、公共场所管理机构发现或者接到报告后,应积极采取有效保护措施,通知其父母或者其他监护人、所在学校,并询问、记录未成年人基本信息与不良行为情形,有针对性地开展教育。必要时,公安机关、公共场所管理机构应当护送其返回住所或者寄宿的学校。当无法与其父母或者其他监护人、学校取得联系时,应当护送未成年人到救助保护机构接受救助。其中,救助保护机构是指本市各区救助管理站(未成年人救助保护中心)。此外,乡镇人民政府、街道办事处、所在学校、住所地社会工作服务机构等也应该发挥相关功能,对未成年人离家出走等不良行为的干预提供必要帮助与指导。总的来说,公安机关、公共场所管理机构、乡镇人民政府等应依法履责,发挥基层优势,切实保护未成年人生命安全和身心健康,预防未成年人违法犯罪。

第三十七条 居民委员会、村民委员会发现本辖区内未成年人存在监护缺失、监护不当,或者可能实施不良行为、严重不良行为等情形的,应当及时采取上门家访等方式督促未成年人的父母或者其他监护人依法履行监护职责,并组织社会工作服务机构、社区社会组织、社区志愿者等社会力量开展干预,提供风险评估、心理咨询等服务。

【释义】 本条是关于居民委员会、村民委员会协同干预的规定。

近年来，居民委员会、村民委员会治理本辖区事务能力显著提升，在加强区域整合、培养居民集体意识、提倡友好互助精神和开展宣传教育等方面发挥的作用越来越显著，也积极参与到了预防未成年人犯罪工作之中。作为基层群众自我管理、自我教育、自我服务的群众性组织，居民委员会、村民委员会应进一步推进预防未成年人犯罪宣传教育工作。当未成年人出现不良行为时，居民委员会、村民委员会应及时采取措施，督促未成年人父母或者其他监护人依法履行监护职责，起到合理协调各方、充分调配资源的作用。

一、当辖区内未成年人面临监护缺失、监护不当时

当辖区内未成年人面临监护缺失、监护不当时，居民委员会、村民委员会可采取上门家访等形式督促未成年人的父母或者其他监护人依法履行监护职责。其中，监护缺失主要指监护人因死亡、失踪、失联、重残、重病、被执行限制人身自由的刑罚和措施、被撤销监护资格、被遣送（驱逐）出境等原因，无法履行监护职责的，或者因突发事件等紧急情况正在接受治疗、被隔离观察或者参与相关应对工作，无法履行监护职责的，以及法律规定的其他情形。监护不当主要指监护人性侵害、出卖、遗弃、虐待、暴力伤害未成年人，放任、教唆、利用未成年人实施违法犯罪行为，胁迫、诱骗、利用未成年人乞讨，监护人拒绝或者怠于履行监护职责，导致未成年人处于无人照料的状态，以及法律规定的其他情形。居民委员会、村民委员会发现监护缺失情形或者接到有关报告的，应当帮助符合条件的未成年人申请相应的社会救助或者保障，采取必要的照料或者监护措施。必要时，居民委员会、村民委员会对临时监护的未成年人，可以采取委托亲属抚养、家庭寄养等临时生活照料方式，或者交由未成年人救助保护机构、儿童福利机构收留、抚养。

二、当辖区内未成年人可能实施不良行为、严重不良行为时

辖区内未成年人可能实施不良行为、严重不良行为等情形的，居民委员会、村民委员会可以组织社会工作服务机构、社区社会组织、社区志愿者等社会力量开展干预，提供风险评估、心理咨询等服务。社会工作服务机构、社区社会组织、社区志愿者等社会力量具有专业性、公益性、常态性特点，是基层有效干预未成年人不良行为的重要力量，可以为未成年人不良行为干预提供平台支撑与资源支持。目前，本市已基本建成市、区、街镇三级预防未成年人犯罪社会服务体系，《条例》也特别规定乡镇人民政府、街道办事处应统筹负责辖区内预防未成年人犯罪服务站点的设置。当辖区内未成年人出现不良行为、严重不良行为等情形时，居民委员会、村民委员会可以联系对应的预防未成年人犯罪服务站点，协调青少年事务社工、社区志愿者等专业力量开展个案辅导，帮助未成年人养成良好的生活、学习习惯，远离违法犯罪。

第五章　对严重不良行为的矫治

第三十八条　未成年人严重不良行为，是指未成年人实施的有刑法规定、因不满法定刑事责任年龄不予刑事处罚的行为，以及严重危害社会的下列行为：

（一）结伙斗殴，追逐、拦截他人，强拿硬要或者任意损毁、占用公私财物等寻衅滋事行为；

（二）非法携带枪支、弹药或者弩、匕首等国家规定的管制器具；

（三）殴打、辱骂、恐吓，或者故意伤害他人身体；

（四）盗窃、哄抢、抢夺或者故意损毁公私财物；

（五）传播淫秽的读物、音像制品或者信息等；

（六）卖淫、嫖娼，或者进行淫秽表演；

（七）吸食、注射毒品，或者向他人提供毒品；

（八）参与赌博赌资较大；

（九）其他严重危害社会的行为。

【释义】　本条是关于严重不良行为定义的规定。

未成年人犯罪往往有一个逐步演化的过程，未成年人严重不良行为就是不良行为进一步恶化但又未达到刑事处罚标准的行为。一方面，随着我国经济社会的发展和物质财富的丰富，未成年人生理以及心理发育有提前并加快的趋势，加之移动互联网、自媒体的普及，越来越多的未成年人深受复杂环境与负面信息的影响，当不良行为出现时若未及时得到干预和纠正，很容易恶化发展为严重不良行为甚至最后堕入犯罪深渊。另一方面，近年来未成年人犯罪呈现出低龄化、恶性化趋势，对社会造成的负面影响极大，因此对于该类低龄未成年人实施的严重危害社会的行为有必要纳入相关法律法规，及时进行矫治。在此背景下，《预防未成年人犯罪法》对严重不良行为的范围作出一定的调整，《条例》予以了沿用。

一、严重不良行为的内涵

《条例》所称的严重不良行为主要包含两方面：一是未成年人实施的有刑法规定、因不满法定刑事责任年龄不予刑事处罚的行为，即虽然未成年人实施的犯罪行为触犯了我国《刑法》，但是由于未成年人年龄较小，未达法定刑事责任年龄而不负刑事责任的情况，例如未成年人实施的多次盗窃、强行向他人索要财物等行为；二是部分触犯其他法律、严重危害社会的行为，即未成年人所实施的行为的社会危害性尚不足刑事处罚的程度或者不属于刑事处罚的范围，但是具有严重的社会危害性，违反了《治安管理处罚法》等相关法律，如卖淫、嫖娼、吸毒、注射毒品或者向他人提供毒品等本条所列举的九种行为。近年来，低龄未成年人实施严重犯罪的案件时有发生，在《刑法》修订以及与《刑法》相配套、衔接的法律出台之前，对未成年人实施的触犯《刑法》但未达到法定年龄而不予处罚的行为缺乏必要的矫治手段,但是随着《刑法修正案(十一)》的出台以及《预防未成年人犯罪法》的修订,低龄未成年人恶性犯罪有了干预手段。公安机关在处理未成年人违反治安管理的行为、触犯刑法的行为时,认为解决未成年人的心理行为偏差所必需时,可以根据案件的情况予以适用不同的矫治教育措施。对未成年人违法犯罪,始终应当坚持教育为主、惩罚为辅的原则,既结合未成年犯罪人的身心特点,又兼顾被害人和民众的感受,对低龄未成年人犯罪不抛弃、不放弃。

二、严重不良行为的范围

根据本条规定,除未成年人实施的有刑法规定、因不满法定刑事责任年龄不予刑事处罚的行为以外,严重不良行为主要包括下列九种严重危害社会的行为:

(一) 结伙斗殴,追逐、拦截他人,强拿硬要或者任意损毁、占用公私财物等寻衅滋事行为

这里所称的"结伙斗殴"指的是一般出于私仇旧怨、争夺地盘或者其他动机而结成团伙打架斗殴,不存在组织者、策划者,只要几个人凑合在一起,就可以形成"结伙"这一情节。"追逐、拦截他人"指的是当事人出于取乐、寻求精神刺激等不健康动机,无故无理对他人进行追逐拦截的,对受害人造成不良影响的行为。"强拿硬要或者任意损毁、占用公私财物"是指以蛮不讲理的手段,强行索要市场、商店的商品以及他人的财物,或者随心所欲损坏、毁

灭、占用公私财物。以上三种行为是对"寻衅滋事行为"的列举性规定,例如"在公共场所起哄闹事,造成公共场所秩序严重混乱的"也属于寻衅滋事行为。

(二) 非法携带枪支、弹药或者弩、匕首等国家规定的管制器具

这里所称的"管制刀具"指的是公安机关对其明文规定进行管制、禁止随身携带的刀具,如弩、匕首、三棱刀、弹簧刀(跳刀)及其他相类似的单刃、双刃、三棱尖刀。未成年人携带枪支、弹药或者匕首等管制刀具进入校园、公共场所,存在潜在的不安定因素,会对其周围的师生以及其他人员的人身安全造成威胁。

(三) 殴打、辱骂、恐吓,或者故意伤害他人身体

"殴打"指的是行为人公然实施的损害他人身体健康的打人行为。"辱骂"指的是用粗野或带恶意的话谩骂侮辱他人的行为。"恐吓"指的是对他人进行威胁使其感到害怕的行为。对于"故意伤害他人身体",如果行为人已满十二周岁不满十四周岁,故意伤害他人身体致人死亡或者以特别残忍手段致人重伤造成严重残疾,情节恶劣,经最高人民检察院核准追诉的,应当负刑事责任;如果行为人已满十四周岁不满十六周岁,故意伤害他人身体,造成他人重伤或者死亡的,也应当负刑事责任。这里规定的故意伤害行为主要是尚未达到刑事责任年龄或者是情节较轻的情况。

（四）盗窃、哄抢、抢夺或者故意损毁公私财物

这里的“盗窃、哄抢、抢夺以及故意毁损”主要是针对未满十六周岁的未成年人而言的。例如，根据《刑法》规定，盗窃公私财物，数额较大的，或者多次盗窃、入户盗窃、携带凶器盗窃、扒窃的，构成盗窃罪，如果已满十六周岁未成年人实施上述行为，就应当按照刑法规定，追究刑事责任。

（五）传播淫秽的读物、音像制品或者信息等

这里所称的“传播”指的是通过出借、播放、邮寄等方式使得淫秽的读物、音像制品或者信息流传的行为。此处所称的“淫秽的读物、音像制品或者信息”主要指的是具体描绘性行为或者宣扬露骨色情的书籍、杂志、录音、录像等物品或者包含相关内容的信息。

（六）卖淫、嫖娼，或者进行淫秽表演

这里所指的“卖淫、嫖娼以及淫秽表演”主要指的是不特定的同性之间或者异性之间以金钱、财物为媒介发生性关系以及当众进行色情淫荡、挑动人们性欲的形体或动作表演的行为，均为主动行为，不包含被强迫的情形。

（七）吸食、注射毒品，或者向他人提供毒品

根据我国《刑法》规定，“毒品”是指鸦片、海洛因、甲基苯丙胺（冰毒）、吗啡、大麻、可卡因以及国家规定管制的其他能够使人形成瘾癖的麻醉药品和精神药品。吸食和注射毒品会对未成年人的身体产生严重的危害。《禁毒法》

第 39 条规定，不满十六周岁的未成年人吸毒成瘾的，可以不适用强制隔离戒毒。为有利于未成年人健康成长，公安机关办案部门查获不满十六周岁的吸毒人员，确认其吸毒成瘾严重的，应当对其所在学校、监护人履行监护管理职责以及有无既往违法犯罪经历等情况进行调查，对学业正常或者监护人监护到位的，应当报县级以上公安机关作出社区戒毒的决定，并且责令监护人将其接回严加管教。

（八）参与赌博赌资较大

这里的“参与赌博”是指直接参与到赌博的场合之中，用金钱或者其他具有价值的物品博输赢，被迫参与赌博的情况则不包含在内。对于“赌资较大”的具体数额的认定，由所在省级公安司法机关确定。

（九）其他严重危害社会的行为

这是兜底性的规定，主要指的是前八项没有包括，但是又严重危害社会的行为。

第三十九条 任何组织或者个人不得教唆、胁迫、引诱未成年人实施严重不良行为，以及为未成年人实施严重不良行为提供条件。

未成年人的父母或者其他监护人、学校、居民委员会、村民委员会等发现有人教唆、胁迫、引诱未成年人实施严重不良行为的，应当及时向公安机关报告。公安机关接到报告或者发现上述情形的，应当及时依法查处；对人身安全受到威胁的未成年人，应当立即采取有效保护措施。

【释义】 本条是关于对教唆、胁迫、引诱未成年人实施严重不良行为进行干预的规定。

教唆、胁迫、引诱未成年人实施严重不良行为本身是违法犯罪行为,应当从重处罚。根据本条规定,任何组织或者个人不得教唆、胁迫、引诱未成年人实施严重不良行为,以及为未成年人实施严重不良行为提供条件。此处所说的“教唆”,指的是通过授意、怂恿等方法唆使未成年人实施严重不良行为,教唆者并不直接实施该行为;此处所说的“胁迫”,指的是对未成年人以暴力威胁等方式,使其受到精神上的强迫、控制,进而实施严重不良行为;此处所说的“引诱”,指的是用物质利益、金钱等会对未成年人产生吸引力的东西,诱使未成年人实施严重不良行为。

如果有人教唆、胁迫、引诱未成年人实施严重不良行为,未成年人的父母或者其他监护人、学校、居民委员会、村民委员会等一经发现,就应当及时向公安机关报告。公安机关经调查后,应根据情况依法处理。本条还规定,未成年人的人身安全受到威胁的,公安机关应该立即采取有效保护措施。此处所说的“人身安全受到威胁”主要指的是被教唆、胁迫、引诱实施严重不良行为的未成年人可能会受到人身伤害等。公安机关在接到报告或者发现上述情形的,应当及时采取有效措施消除危险,保护未成年人的人身安全。

第四十条 未成年学生实施严重不良行为,学校可以依照本条例第三十二条的规定采取相应的管理教育措施，并可以由学校或者未成年学生住所地的青少年事务社会工作站点提供专业服务。

【释义】 本条是关于学校对实施严重不良行为未成年人的管理教育的规定。

根据《条例》第32条的规定，学校对实施不良行为的未成年学生，拒不改正或者情节严重的，可以根据情况予以处分或者采取不同管理教育措施，包括予以训导、要求遵守特定的行为规范、要求参加特定的专题教育、要求参加校内服务活动、要求接受青少年事务社会工作者或者其他专业人员的心理辅导和行为干预和其他适当的管理教育措施。本条所规定的青少年事务社会工作站点主要的职能是针对青少年，特别是罪错青少年、留守儿童、服刑在教人员未成年子女、失学待业的弱势青少年群体等，根据他们的实际生活状况和身心特点、兴趣爱好等需求，提供学习课业辅导、生活困难照料、心理辅导、网瘾戒除、偏差行为矫正、越轨行为预防等专业社工服务，并协助政府有关部门制定维护青少年合法权益相关政策。学校和未成年学生住所地的青少年事务社会工作站点内的社工可以根据青少年的身心特点、动机需求、兴趣爱好，充分运用专业的理论、方法和技巧，帮助学生解决心理、行为问题，恢复正常的人际关系和社会功能，远离违法犯罪。

第四十一条 学校应当成立学生欺凌治理委员会，完善学生欺凌发现和处置的工作流程，严格排查并及时消除可能导致学生欺凌行为的各种隐患，接受学生欺凌事件的举报与申诉，及时开展调查与认定。

学校对实施欺凌行为的学生，应当根据不同情形采取相应的管理教育措施；可能构成犯罪的，应当及时向公安机关报告。

学校应当及时将学生欺凌事件的处理进展和处置措施通知学生本人及其父母或者其他监护人；涉及学生隐私的，应当对相关信息予以保密。

【释义】 本条是关于学生欺凌处置机制的规定。

近年来，各地发生了部分中小学生欺凌事件，引起各界广泛关注，产生了不良的社会影响。为了建立健全防治中小学生欺凌综合治理长效机制，有效预防中小学生欺凌行为发生，2017 年 11 月教育部等十一部门印发《加强中小学生欺凌综合治理方案》(以下简称《治理方案》)，要求各地各有关部门将按照属地管理、分级负责的原则，进行综合治理，结合本地区、本部门实际制定具体实施方案。2021 年，教育部颁布《未成年人学校保护规定》(以下简称《保护规定》)，构建了防治学生欺凌的规则体系，明确从预防、教育、干预制止到认定调查、处置等方面的防控具体要求，特别细化了构成学生欺凌的情形和认定规则。《条例》在此基础上，对学校处置学生欺凌事件的流程与要求等作出规定。

一、学校成立学生欺凌治理委员会

根据《治理方案》，学校应根据实际成立由校长负责，家、校、社多方人员组成的学生欺凌治理委员会。学生欺凌治理委员会由校内相关人员、法治副校长、法律顾问、有关专家、家长代表、学生代表等组成，负责学生欺凌行为的预防和宣传教育、组织认定、实施矫治、提供援助等。在具体工作开展上，本条规定，“学生欺凌治理委员会要完善学生欺凌发现和处置的工作流程”，即建立起一套权责清晰、流程明确的学生欺凌应对系统。一是学生欺凌治理委员会应当及时发现并消除可能导致学生欺凌行为的各种隐患。学生欺凌治理委员会定期开展针对全体学生的防治学生欺凌专项调查，及时查找可能发生欺凌事件的苗头迹象或已经发生、正在发生的欺凌事件；二是接受学生欺凌事件的举报与申诉，妥善处理申诉请求。各级教育行政部门应明确具体负责防治学生欺凌工作的处(科)室以及校园欺凌举报专线并向社会公布。基层防治学生欺凌工作部门负责处理学生欺凌事件的申诉请求。学校学生欺凌治理委员会处理程序妥当、事件比较清晰的，应以学校学生欺凌治理委员会的处理结果为准；确需复查的，由基层防治学生欺凌工作部门组织学校代表、家长代表和校外专家等组成调查小组启动复查，复查工作应在 15 日内完成，对事件是否属于学生欺凌进行认定，提出处置意见并通知学校和家长、学生。基层防治学生欺凌工作部门接受申诉请求并启动复查程序的，应在复查工作结束后，及时将有关情况报上级防治学生欺凌工作部门备案。涉法涉诉案件等不宜由防治学生欺凌工作部门受理的，应明确告知当事人，引导其及时纳入相应法律程序办理。三是及时开展调查与认定。学生欺凌事件应按照学校的学生欺凌事件应急处置预案和处理流程对事件及时进行调查处理，由学校学生欺凌治理委员会对事件是否属于学生欺凌行为进行认定。原则上学校应在启动调查处理程序10日内完成调查，并根据有关规定进行处置。

二、学校对实施欺凌行为学生的教育管理措施

学生欺凌，是指发生在学生之间，一方蓄意或者恶意通过肢体、语言及网络等手段实施欺压、侮辱，造成另一方人身伤害、财产损失或者精神损害的行为。换言之，学生之间，在年龄、身体或者人数等方面占优势的一方蓄意或者恶意对另一方实施诸如殴打、脚踢、掌掴、恶意排斥、孤立他人、影响他人参加学校活动或者社会交往等行为，或者以其他方式欺压、侮辱另一方，造成人身伤害、财产损失或者精神损害的，可以认定为构成学生欺凌。根据本款规定，如果情节轻微，不构成犯罪的，学校应当作出相应的管理教育措施，例如，学校应当对实施或者参与欺凌行为的学生作出教育惩戒或者纪律处分，并对其家长提出加强管教的要求，必要时，可以由法治副校长、辅导员对学生及其家长进行训导、教育。如果情节严重,可能构成犯罪的,学校应及时向公安机关、教育行政部门报告,并配合相关部门依法处理,不得隐瞒。

三、学校的通知与保密义务

家长作为其未成年子女的法定监护人,有权知晓欺凌事件的处理情况。学生及其家长或者其他监护人及时知晓欺凌事件的处理进展和处置措施,一方面有利于对实施欺凌行为的学生进行惩戒、教育,防止其再次实施欺凌行为,改正错误;另一方面有利于家长及时对其子女进行教育,约束其子女的不良行为,同时对其子女给被欺凌对象造成的损失及时赔偿,修复受损的社会关系,恢复正常校园秩序。此外,本款还规定了"涉及学生隐私的,应当对相关信息予以保密",这样规定主要是为了保护学生的隐私权,让涉及欺凌事件的学生回归正常的校园生活,防止二次伤害发生。

第四十二条 公安机关发现未成年人实施严重不良行为的,应当及时制止,依法调查处理,并根据具体情况采取以下矫治教育措施:

(一)予以训诫;

(二)责令赔礼道歉、赔偿损失;

(三)责令具结悔过;

(四)责令定期报告活动情况;

(五)责令遵守特定的行为规范,不得实施特定行为、接触特定人员或者进入特定场所；

（六）责令接受心理辅导、行为矫治；

（七）责令参加社会服务活动；

（八）责令接受社会观护，由社会组织、有关机构在适当场所对未成年人进行教育、监督和管束；

（九）其他适当的矫治教育措施。

市公安机关应当加强对各区公安机关实施上述矫治教育措施的监督指导。

未成年人的父母或者其他监护人应当积极配合矫治教育工作，采取措施消除或者减轻违法后果，对未成年人严加管教。

【释义】 本条是关于公安机关对严重不良行为未成年人矫治教育的规定。

公安机关在预防、制止未成年人实施严重不良行为方面扮演着重要的角色。在未成年人实施严重不良行为后，公安机关应当根据不同情形采取不同的矫治教育措施。矫治措施的目的是教育、感化、挽救未成年人，核心功能是矫治，其背后的理念是以教代罚。根据本条规定，主要包括以下九种矫治教育措施。

（一）予以训诫

即公安机关对情节轻微的实施严重不良行为的未成年人进行批评教育，并责令其改正，起到警示作用，不得再犯。

（二）责令赔礼道歉、赔偿损失

"责令赔礼道歉"即公安机关让实施严重不良行为的未成年人向被害人承认错误、表示歉意的一种强制性教育方法。"赔偿损失"即公安机关要求实施严重不良行为的未成年人对其给被害人造成的损失予以赔偿，以弥补其行为造成的损失。

（三）责令具结悔过

即公安机关责令实施严重不良行为的未成年人用书面方式保证悔改，不再实施严重不良行为。这一方式能够让行为人认识到自己的违法性质，承认自己的主观过错，保证改过自新。

（四）责令定期报告活动情况

即公安机关通过定期对实施严重不良行为的未成年人的情况进行了解，要求其予以书面汇报自己遵纪守法、参加教育以及其他社会活动等情况，以了解和掌握其教育矫治的成效。

（五）责令遵守特定的行为规范，不得实施特定行为、接触特定人员或者进入特定场所

其中，特定行为主要指严重不良行为或其他罪错行为，以及可能对被害人继续造成伤害的行为；特定人员主要指被害人以及行为人实施严重不良行为时的其他团伙成员等；特定场所主要指严重不良行为被害人生活、学习的场所以及其他法律法规禁止未成年人进入的场所，如网

吧、酒吧、营业性歌舞厅等。

（六）责令接受心理辅导、行为矫治

即公安机关借助例如心理专家等专业力量，让实施了严重不良行为的未成年人接受专业的心理辅导或行为矫治，消除实施严重不良行为的内在诱因，纠正不良习惯。心理辅导是专业人员与受辅导者之间建立的一种具有咨询功能的融洽关系，以帮助受辅导者正确认识自己、接纳自己，克服成长中的障碍，改变自身的不良意识和倾向。

（七）责令参加社会服务活动

即公安机关让实施严重不良行为的未成年人在一定时间内为社会提供特定的无偿服务或者是参加特定的公益活动，以达到服务社会、矫正行为、改过自新的目的。责令参加社会服务活动具有补偿性以及协助未成年人改过自新的双重作用。

（八）责令接受社会观护，由社会组织、有关机构在适当场所对未成年人进行教育、监督和管束

即公安机关委托社会组织、有关机构在适当场所对实施严重不良行为的未成年人进行教育、监督和管束。社会观护是运用个别化、科学化和社会化的原则，在尊重未成年人人格尊严的前提下，将其交由由社会力量组成的专门观护组织进行观察、矫正、保护、管束，给予合理辅导和监督，以促进其改过自新，回归社会。

（九）其他适当的矫治教育措施

这是兜底性的规定，主要指的是前八项没有包括的其他矫治教育措施。

本条还明确了市一级的公安机关对其下级公安机关在实施矫治教育措施的监督指导责任，从而更好地达到矫治未成年人严重不良行为的作用。同时，本条还明确了未成年人的父母或者其他监护人在矫治教育工作中的责任。未成年人的父母或者其他监护人应当积极配合对被监护人的矫治教育，采取措施消除或减轻被监护人所实施的严重不良行为带来的后果。例如，积极对被害人损失予以赔偿并严加管教被监护人，矫正其行为。

第四十三条 **市、区公安机关应当确定专门机构，指导、监督和管理未成年人保护及预防未成年人犯罪工作。**

公安派出所应当安排熟悉未成年人身心特点的专门人员负责预防未成年人犯罪及相关案件的办理工作。

【释义】 本条是关于未成年人警务的规定。

一、市、区公安机关应当确定专门机构

在《条例》出台前，公检法三机关中的检察院和法院都有未成年人案件的专门办理机构。2023 年 4 月 20 日，国家统计局发布 2021 年《中国儿童发展纲要（2021—2030 年）》统计监测报告。报告显示，未成年人司法工作体系逐步健全，截至 2021 年底，全国共设立少年法庭 2 181 个，未成年人检察专门机构 2 176 个。然而相比少年法庭和未成年人检察专门机构,公安机关的专门机构建设仍存在提升空间。1986年,上海市长宁区公安分局曾设置了独立的少年科,这是中国第一个独立的未成年人警务机构。但遗憾的是,在不久后进行的撤销预审部门的警务改革中,少年科被撤销,此后20多年的时间内,我国公安机关中没有再出现独立编制的未成年人警务机构。因此,此次立法专门对未成年人警务的专门机构作出规定,是一大亮点。公安机关未成年人警务专门机构可以和检察院未检部门有效衔接,确保取保候审、社会调查、司法分流、前科封存等各项工作贯穿司法程序全过程,同时还与政府职能部门之间、与社会团体以及专业社会力量之间的衔接联动机制,能够形成党委领导、政府主导、多部门联动、社会协同的未成年人综合保护新格局。根据本条规定,市、区公安机关应当确定专门机构对未成年人保护及预防未成年人犯罪工作进行指导、监督和管理,具体而言,市、区两级公安机关既可以设立新的未成年人警务机构,也可以确定某原有机构专门负责未成年人案件。为了更好地执行《条例》相关内容,需要公安机关确定专门的机构进行具体的指导、监督和管理工作,通过制定执法细则和内部规范以保证落实。其中,专门机构的指导、监督和管理的职责范围主要包括:未成年人违法犯罪案件的处置与预防;未成年人不良行为的早期干预;未成年被害人的保护;涉案(事)未成年人的帮教转介;未成年人权益保护以及为未成年人提供救助与服务等。

二、公安派出所应当确定专门人员办理未成年人案件

根据本条规定,基层派出所应当确定专门人员办理未成年人案件而非确定专门机构。这是因为基层派出所工作量大,存在案多人少、警力不足等问题,确定专门机构并不符合实际情况,所以应当确定专门人员负责预防未成年人犯罪及相关案件的办理、信息汇总与上报等工作。专门人员应当具备丰富的办案经验,熟悉未成年人身心特点,同时在办理女性未成年人案件时应包含女性办案人员。

第四十四条 市、区人民政府应当根据国家和本市有关规定设置专门学校,完善专门学校的经费、人员、教育场所和设施等方面的保障制度。

市、区教育部门应当加强专门学校师资队伍建设,在教职工职称评定和工资待遇等方面给予政策倾斜,并为专门学校配备驻校或者联系学校的青少年事务社会工作者。

专门学校由教育部门负责管理,公安机关、司法行政部门予以协助。

【释义】 本条是关于专门学校建设和管理的规定。

专门学校最早被称为“工读学校”,专门教育也被称为“工读教育”。上海市长宁区在 20 世纪 50 年代末便成立了上海市最早的工读学校,在很长一段时间内,上海市专门学校的数量都居于全国首位。在办学模式、教育职能等方面,上海也形成了自己的特色。随着社会发展,未成年人的犯罪率有所下降，工读教育的发展也呈现出“去司法标签”的趋势，其名称也被改为专门教育。2019 年 3 月，中共中央办公厅、国务院办公厅印发《关于加强专门学校建设和专门教育工作的意见》明确“专门学校是教育矫治有严重不良行为未成年人的有效场所。专门教育是国家教育体系中的组成部分，也是少年司法体系中具有‘提前干预、以教代刑’特点的重要保护处分措施”。专门学校是对有严重不良行为的未成年人进行教育和矫治的重要保护处分措施，是一种特殊教育形式。与普通学校相比，专门学校更有针对性的教育有利于根据每个实施严重不良行为的未成年人的具体情况来制定矫治方案。实践证明了专门学校对于教育、挽救实施了严重不良行为的未成年学生具有积极的作用。

一、市、区人民政府应当根据相关规定设置专门学校

《预防未成年人犯罪法》第 6 条第 2 款规定：“省级人民政府应当将专门教育发展和专门学校建设纳入经济社会发展规划。县级以上地方人民政府成立专门教育指导委员会，根据需要合理设置专门学校。”2019 年 3 月，中共中央办公厅、国务院办公厅印发《关于加强专门学校建设和专门教育工作的意见》，对专门教育的定位和专门学校的建设、管理、运行及保障机制作出规定，并提出：“县级以上地方政府根据需要合理设置专门学校。”截至 2022 年 5 月，全国共有专门学校 110 余所，上海共有 11 所专门学校

(建制),其中浦东、崇明、徐汇、宝山、嘉定、普陀、虹口、闵行、杨浦9个区的专门学校正在运行。

二、市、区教育部门应当加强专门学校师资队伍建设

专门学校是我国教育体系的组成部分,根据本条规定,市、区教育部门作为主管部门应加强专门学校师资队伍建设。在师资队伍的配置上,市、区教育部门应均衡各个年龄段的教师比例、教师性别,注重新任岗前培训、与资深教师经验交流,同时在完成义务教育的基础上注重技术教育,并在日常教学中注重提高学生的法治意识等。此外,对专门学校教职工在职称评定和工资待遇等方面给予政策倾斜可以提高对专业人才的吸引力,全面提高专门学校教师综合素质,进而强化严重不良行为未成年人教育矫治实效。另外,为专门学校配备驻校或者联系学校的青少年事务社会工作者,一方面有利于丰富专门学校的工作力量,另一方面有利于完善专门学校学生社会支持网格,引导其回归正常的学习生活之中。

三、专门学校的管理分工

专门教育由教育部门负责主要管理。同时,由于部分专门学校的学生实施了严重危害社会的行为,具有一定的人身危险性,需要公安机关、司法行政部门予以协助。尤其是根据《预防未成年人犯罪法》第45条和《刑法》第17条的规定,专门矫治教育的适用对象是实施刑法规定的行为、因不满法定刑事责任年龄不予刑事处罚的未成年人,

人身危险性较大，心理行为偏差程度比较严重，需要多部门相互配合，才能做好矫治工作。因此，专门学校实行分工负责、相互配合的工作机制，由教育部门负责管理，公安机关、司法行政部门予以协助。

第四十五条 **市、区人民政府成立专门教育指导委员会，负责专门教育发展规划，开展专门学校入校和离校评估，研究确定专门学校教育管理等相关工作。专门教育指导委员会办公室设在同级教育部门。**

【释义】 本条是关于专门教育指导委员会及其职责的规定。

2019 年 3 月中共中央办公厅、国务院办公厅印发《关于加强专门学校建设和专门教育工作的意见》的通知，首次要求县级以上人民政府成立专门教育指导委员会。专门教育指导委员会的构成十分广泛，除教育行政、公检法司、共青团和妇联等承担未成年人事务的国家机关和相关组织外，还包括心理、法律和社会工作等领域专家，负责专门学校建设、管理工作。

一、专门教育指导委员会及日常工作

2019 年 5 月，经上海市教育委员会、上海市公安局、上海市人民检察院、共青团上海市委员会共同研究决定建立中立第三方的上海市专门教育研究与评估中心。上海市专门教育研究与评估中心是上海市开展专门教育研究与评估工作的专业服务机构，负责探索制定专门教育评估标准，开发评估工具，研究建立健全评估机制；对全市需要送专门学校教育的行为不良未成年学生进行入学评估和教育转化效果的离校评估，并向家长提供相关建议；受委托组织开展专门学校办学实践、办学成效评估。

专门教育指导委员会与上海市专门教育研究与评估中心的性质定位与业务范围不相同，这决定了评估中心开展评估工作的合法性。根据《预防未成年人犯罪法》的规定，专门教育指导委员会负责专门教育的指导工作，是跨部门的协调机制，统筹协调专门教育评估、研究和其他事宜；而上海市专门教育研究与评估中心是承担专门教育的入校评估和离校评估，是一个负责开展具体评估业务的机构。前者的业务范围包括具体评估工作，也包括研究确定专门学校教学、管理等相关的工作；而后者的业务范围只是开展具体的入校评估和离校评估及相关研究工作。后者具体的评估工作来源于前者的委托或者授权，并对前者负责。为了保证评估的严肃性和科学性，上海市专门教育研究与评估中心的评估队伍基本覆盖了公安机关、检察机关、教育部门、团委、专家学者、专门学校代表、社会组织等条线的工作者，评估工作开展也包括评估对象监护人、所在学校老师，具体评估程序依照《预防未成年人犯罪法》及相关法规、政策执行。

二、专门教育指导委员会办公室设置

专门教育指导委员会下设办公室，办公室设在各级教育行政部门，办公室具体承办落实专门教育指导委员会交办的各项工作。

第四十六条 对有严重不良行为的未成年人，未成年人的父母或者其他监护人、所在学校无力管教或者管教无效的，可以向教育部门提出申请，经专门教育指导委员会评估同意后，由教育部门决定送入专门学校接受专门教育。

未成年人有下列情形之一的，经专门教育指导委员会评估同意，教育部门会同公安机关可以决定将其送入专门学校接受专门教育：

（一）实施严重危害社会的行为，情节恶劣或者造成严重后果；

（二）多次实施严重危害社会的行为；

（三）拒不接受或者配合本条例第四十二条规定的矫治教育措施；

（四）法律、行政法规规定的其他情形。

【释义】 本条是关于专门学校收生程序的规定。

根据本条规定，专门学校的收生程序有两种：一是依申请，即本条第1款所规定的情形。二是依职权，即本条第2款所规定的情形。

一、依申请

有权申请转入专门学校的主体是实施严重不良行为的未成年人的父母或者其他监护人以及学校。根据我国义务教育阶段学生转学的相关规定,未成年的父母或者其他监护人有权提出转学的申请。同时,未成年人所在的学校负有教育的职责,在未成年人存在严重不良行为的时候,其学校应当充分利用各种教育手段,矫治未成年人的偏差行为。但是,当未成年人的不良行为严重到学校无法管教或者是管教无效的情况下,学校也可以申请将其送入专门学校。同时需要注意的是,实施严重不良行为的未成年人所在的学校应该坚持必要性原则,不能在未经尝试充分利用现有的教育资源矫治其行为的情况下,便申请将其送入专门学校。本条所规定的"无力管教"主要指的是已经超出其父母、其他监护人或者是学校的控制因而不具备相关能力对其进行管理教育。本条所规定的"管教无效"主要指的是,在实施一系列教育管理手段后,未成年人的心理、行为没有改善或者愈加恶化。关于"无力管教或者管教无效"的标准,未成年人所在学校可以参考 2020 年教育部颁布的《中小学教育惩戒规则(试行)》中的相关规定。例如,在未成年人实施了严重不良行为后,学校、教师应予以制止并实施相应的教育惩戒。如果在实施教育惩戒后仍无效果且没有其他有效手段使学生改正错误,此时学校便可以向教育部门提出转入专门学校的申请。根据本条规定,在学校提出申请后,还需经专门教育指导委员会评估同意后,由教育部门决定送入专门学校接受专门教育,这样规定主要是为了限制学校滥用申请,从而在最大限度上保障未成年人能够在就读学校接受矫治教育。

二、依职权

依职权即“强制入学制”。在2020年新《预防未成年人犯罪法》修订前,专门学校招生以学生本人、家长、其他监护人或所在学校的申请为主,使得部分专门学校陷入招生困境,难以在预防未成年人违法犯罪方面发挥有效作用。根据本条规定,未成年人的严重不良行为只有严重到一定程度并按照法定程序方能被依法送入专门学校,主要分为以下四种情形:

(一)实施严重危害社会的行为,情节恶劣或者造成严重后果

情节是否恶劣主要考量的是未成年人主观恶性程度、手段是否残忍、被害人是否有过错等因素;是否造成严重后果,主要考量的是造成多少损害、是否导致被害人死亡或者伤残程度等因素。

(二)多次实施严重危害社会的行为

三次及以上实施严重危害社会的行为即可认定为多次,这也表明未成年人具有惯犯的倾向,社会危害性较大。

(三)拒不接受或者配合《条例》第42条规定的矫治教育措施

此种情形表明,适用《条例》第42条规定的矫治教育措施已经不足以矫正未成年人的心理行为偏差,将其送入

专门学校接受矫治教育是确有必要的。

（四）法律、行政法规规定的其他情形

这是一个兜底性的规定，主要指《条例》没有包括的其他严重情形。

以上四种情形表明，将有严重不良行为的未成年人留在原有环境很难对其产生有效的矫治作用，也不利于对其危害社会的行为进行预防。根据本条规定，将有严重不良行为的未成年人强制送入专门学校的程序首先是由专门教育指导委员会评估同意，再由教育部门与公安机关共同决定。例如，公安机关在日常办案中发现未成年人实施严重不良行为，情节严重，需要送往专门学校的，首先应该提交专门教育指导委员会评估，在其同意后再会同教育部门共同决定。专门教育指导委员会评估的内容主要围绕未成年人的心理行为偏差程度、家庭监护以及学校教育的情况展开，进而以此为基础判断适用矫治教育措施是否有效、是否需要适用专门教育。如果专门教育指导委员会评估结果为不同意，公安机关无权直接决定将其送入专门学校。如果专门教育指导委员会评估结果为同意，公安机关应与教育部门协商，二者根据具体情况共同决定是否将未成年人送往专门学校。

第四十七条 专门学校应当加强专门教育的课程建设，完善教研制度，保证教育教学质量，并根据未成年学生的情况开展相应的职业教育，培养学生的职业技能。专门学校的职业教育纳入本市职业教育规划。

【释义】 本条是关于专门教育质量的规定。

一、专门学校的课程建设

《预防未成年人犯罪法》第47条规定，专门学校对没有完成义务教育的未成年人，应当保证其继续接受义务教育。《关于加强专门学校建设和专门教育工作的意见》指出，义务教育阶段专门学校根据义务教育课程设置要求安排教学计划和教学活动。根据本条规定，专门学校应当加强专门教育的课程建设，完善教研制度，保证教育教学质量。具体而言，专门学校可以参照义务教育课程方案、课程标准等，根据未成年人实际情况，安排教学计划、教学内容、教学活动和教学时间。同时，专门学校可以结合办学条件和实际需求开设高中阶段相关课程以及职业教育。在教育内容上，专门学校应采取措施加强未成年人的思想道德教育、法治教育、体育与健康教育、心理健康教育、生命教育、青春期教育、劳动教育；创办丰富的实践情境，开设实操类、社会实践类、职业体验类、人生规划类课程；培养学生的兴趣、爱好和特长，开展社团及兴趣小组活动；禁止安排学生从事过重劳动和危险性作业。另外，专门学校可以针对学生的心理行为偏差及其程度，开展适合的心理辅导、情绪调适、行为养成、戒瘾治疗以及其他必要的矫治，帮助和引导未成年人增强人际关系管理、调控心理、自我约束、应对挫折、适应环境的能力。

二、专门学校的职业教育

根据本条规定，专门学校还应该根据未成年学生的情况开展相应的职业教育，培养学生的职业技能，专门学校的职业教育纳入本市职业教育规划。职业教育对专门学校学生的意义重大，一方面提高了学生的综合素质，另一方面也延长了对专门学校学生的教育时间，提升了学生步入社会后的社会竞争力。在实践中，专门学校的职业教育主要采取与职业学校合作办学的模式，例如，上海市浦东新区育华学校就是集义务教育和中等职业教育为一体的集团化学校，不仅设立独立的职业教育部，更是在校内增设“上海市振华外经职业技术学校育华办学点”，开设了中式烹饪、中式面点、酒店服务与管理、电子商务四大具有行业特色的专业体系与实训课程，将职业教育与矫治教育有机结合，有效增强了学生自立自强融入社会的能力。

第四十八条　市人民政府应当确定至少一所专门学校接收实施刑法规定的行为、因不满法定刑事责任年龄不予刑事处罚的未成年人，按照分校区、分班级等方式设置专门场所，实行闭环管理，进行专门矫治教育。

前款规定的专门学校由公安机关、司法行政部门负责未成年人的矫治工作，教育部门负责未成年人的教育工作。

【释义】　本条是关于专门矫治教育的规定。

1956 年，最高人民检察院、最高人民法院以及公安部等部门联合发布了对于犯罪程度尚不够负刑事责任的无家可归的未成年人由民政部门进行收容教养的通知，并且在 1979 年《刑法》中，我国也规定了收容教养制度。但是收容教养制度作为一种非刑罚处罚措施，更加强调对未成年犯罪人的处罚而一定程度上忽略了对未成年人权益的保障，并且收容教养制度在法律规定、执行程序等方面存在缺陷，无法有效地对未成年犯罪进行矫治。2016 年，国家出台关于进一步深化预防青少年违法犯罪工作的指导性文件，提出将专门学校作为教育矫治有严重不良行为未成年人的主要场所，畅通有严重不良行为未成年人进入专门学校接受教育矫治的渠道。2021 年，《刑法修正案十一》将收容教养改为专门矫治教育，衔接了新修订的《预防未成年人犯罪法》，与时俱进，满足了人民群众对加强社会安全的呼吁，同时也更有利于对未成年人犯罪进行矫治。

一、专门矫治教育的场所

专门矫治教育的执行场所是特定的专门学校，根据本条第 1 款规定，市人民政府应当确定至少一所专门学校接收实施刑法规定的行为、因不满法定刑事责任年龄不予刑事处罚的未成年人。“至少设定一所”并不意味着只设定一所，而是根据需要设置，没有数量上限，即为了集中资源保障专门矫治教育的专业性和有效性，通常来说应当确定一所，但是如果辖区范围过大或者是交通不便，也可以确定两所以上。同时，本条指明了专门矫治教育的对象是实施了有刑法规定、因不满法定刑事责任年龄不予刑事处罚的行为的未成年人，该类未成年人的人身危险性较大、心理行为异常较为严重，需要在物理空间上按照分校区、分班级等方式设置专门场所，实行闭环管理。“分校区、分班级”是指专门矫治教育应当在独立的专门场所进行，并参照寄宿制学校，实行教育与生活管理合一的运行模式，探索分班教学管理，建立健全各项管理制度，依法依规加强教育、管理、惩戒。“闭环管理”指的是建立全过程管控措施，未成年人未经批准不得擅自离开专门场所。

二、专门矫治教育的分工管理

根据本条第2款规定，专门矫治教育在对实施触刑行为的未成年人闭环管理的过程中，除了教育行政部门发挥其对未成年人的教育作用外，还需要公安机关、司法行政部门的配合与参与，发挥其对未成年人的管控与矫治作用。在执行专门矫治教育时，三部门应各司其职，相互配合，共同做好学生的安全管理、治安秩序维护、心理行为矫治工作和文化知识教育等工作。

第四十九条　专门学校应当依法保障未成年学生及其父母或者其他监护人的合法权利。

专门学校未成年学生学籍保留在原所在学校，根据未成年学生及其父母或者其他监护人的意愿，也可以转入专门学校或者矫治教育后就读的其他学校；符合毕业条件的，学籍所在学校应当颁发毕业证书。

专门学校应当在每个学期适时提请专门教育指导委员会对接受专门教育的未成年学生的情况进行评估。对经评估适合转回普通学校就读的，专门教育指导委员会应当向原决定机关提出书面建议，由原决定机关决定是否将未成年学生转回普通学校就读。原决定机关决定将未成年学生转回普通学校的，其原所在学校不得拒绝接收；因特殊情况不适宜转回原所在学校的，由教育部门安排转学。

【释义】 本条是关于专门学校学生权益保障、学籍管理和转出的规定。

一、未成年学生及其父母或者其他监护人的合法权利应当受到专门学校的保障

对于专门学校内没有完成义务教育的未成年人，专门学校应当保障其受教育权，保证其继续接受义务教育。专门学校应定期向接受专门教育的未成年人的父母或者其他监护人反馈未成年人的矫治和教育情况，为父母或者其他监护人、亲属等看望未成年人提供便利。此外，专门学校的矫治期限也应当遵循《联合国少年司法最低限度标准规则》(北京规则)的规定，即“把少年投入监禁机关始终应是万不得已的处理办法，其期限应是尽可能最短的必要时间”。具体而言，专门学校学生在校学习时间一般为 3 个月以上，最长不超过 3 年。需要注意的是，未成年人接受专门教育的记录应当予以封存，不纳入个人档案，不得向

任何单位或者个人提供，但司法机关因办案需要或者有关单位根据国家有关规定进行查询的除外。依法进行查询的单位和个人应当对相关记录信息予以保密，不得以任何形式公开。有关单位和部门在复学、升学、就业等方面，不得歧视有专门学校学习经历的学生。

二、专门学校未成年学生学籍管理

为避免接受专门教育的未成年人受到歧视，本条规定，专门学校学生学籍通常保留在原所在学校，但是根据未成年学生及其父母或者其他监护人的意愿，也可以转入专门学校或者矫治教育后就读的其他学校，并且，学生在专门学校就读期间的学业表现情况和违法犯罪情况不计入原所在学校。学生符合毕业条件的，学籍所在学校应当颁发毕业证书。专门学校学生毕业可以参加由教育行政部门组织的统一考试，也可由专门学校根据学生特点，报经教育行政部门批准，自行命题单独组织考试，或者结合平时表现进行形成性评价。考核合格的，由教育行政部门核发原学校或专门学校毕业证书。符合参加升学考试条件的未成年人，可以报名参加升学考试。

三、专门学校学生转出

专门学校应当在每个学期适时提请专门教育指导委员会对接受专门教育的未成年学生的情况进行评估。专门教育指导委员会评估中心开展拟转回普通学校或者拟解除专门矫治教育的评估时，应当查阅核实未成年人在专门学校的日常表现和接受矫治的情况，充分听取未成年人及其父母或者其他监护人的意见，使用心理健康状况测评等必要的科学方法，三十日内形成书面评估报告。对于经专门教育指导委员会审查后认为在接受专门矫治教育期间表现良好且没有表现出任何人身危险性特征的未成年人，并向当初作出适用决定的机关提出对该未成年人结束专门矫治教育的申请；而对于经评估认为在接受专门矫治教育期间仍存在人身危险性，回归社会后有再次实施违法犯罪可能的未成年人，专门教育指导委员会评估后应当认为其不适合转回普通学校就读。

如果经评估认定已接受专门教育的未成年学生人身危险性已经消除，则原决定机关可以决定将未成年学生转回普通学校就读，其原所在学校不得拒绝接收。因特殊情况不适宜转回原所在学校的，由教育部门安排转学。例如，未成年学生原所在学校确实存在其实施严重不良行为的诱因，为了防止其再次受到此种不良因素的影响实施严重不良行为，可以由教育部门安排转学，以达到预防犯罪的目的。

第六章　对重新犯罪的预防

第五十条　公安机关、人民检察院、人民法院、司法行政部门应当采用适合未成年人身心特点的特殊办案制度和措施，严格执行合适成年人参与刑事诉讼、社会调查、违法犯罪记录依法封存等制度。

人民检察院、人民法院应当确定专门机构或者指定专门人员，负责办理涉及未成年人的案件。

【释义】 本条是关于未成年人司法专门工作机制的规定。

未成年人相对于成年人而言，生理发育还不成熟，控制自己情绪的能力较弱，更容易受到外界环境及负面情绪的干扰，进而产生偏差甚至违法犯罪行为。因此，相关部门在办案过程中，应充分考虑未成年人特殊性，由专门机构或专门人员采取与未成年人身心特点相符合的特殊措施、遵循特定理念、依照特定程序办理案件，从而更好地保障未成年人的合法权益。

一、未成年人司法特殊办案制度和措施

公安机关、人民检察院、人民法院、司法行政部门在办理未成年人案件时应严格执行下列制度：

（一）合适成年人参与刑事诉讼

《刑事诉讼法》第 281 条规定，“对于未成年人刑事案件，在讯问和审判的时候，应当通知未成年犯罪嫌疑人、被告人的法定代理人到场，也可以通知未成年犯罪嫌疑人、被告人的其他成年亲属，所在学校、单位、居住地基层组织或者未成年人保护组织的代表到场，并将有关情况记录在案。到场的法定代理人可以代为行使未成年犯罪嫌疑人、被告人的诉讼权利”。合适成年人参与刑事诉讼，可以从程序上保护未成年人的合法权益并在诉讼过程中给予未成年人心理支持,也能更好地保证诉讼顺利进行。

（二）社会调查

《刑事诉讼法》第279条规定,“公安机关、人民检察院、人民法院办理未成年人刑事案件,根据情况可以对未成年犯罪嫌疑人、被告人的成长经历、犯罪原因、监护教育等情况进行调查”。社会调查制度既是落实宽严相济刑事政策的内在要求,强调对未成年人的个别化与宽缓化处理;也是社会参与原则在未成年人刑事司法中的应用,强调吸收社会力量参与到未成年人刑事司法中来,有助于实体公正和程序公正的实现,切实维护未成年人合法权益。

（三）犯罪记录封存

《刑事诉讼法》第286条规定,“犯罪的时候不满十八周岁,被判处五年有期徒刑以下刑罚的,应当对相关犯罪记录予以封存。犯罪记录被封存的,不得向任何单位和个人提供,但司法机关为办案需要或者有关单位根据国家规定进行查询的除外。依法进行查询的单位,应当对被封存的犯罪记录的情况予以保密”。经过二十年的实践,2022年5月30日,最高人民法院、最高人民检察院、公安部、司法部会签《关于未成年人犯罪记录封存的实施办法》,对于如何封存未成年人犯罪记录进一步统一认识、规范程序,使得各个司法部门能够形成合力,衔接配合,打通了对涉罪未成年人的教育、感化、挽救工作脉络,消除了潜在的泄密隐患，让他们能够在考试、升学、就业、生活等方面获得公平、公正的对待，免于被歧视、被排挤，防止因入学难、就业难而再次滑向犯罪深渊。

此外，公安机关、人民检察院、人民法院、司法行政部门办理未成年人刑事案件还应严格执行其他特殊制度。例如，在办理性侵害未成年人案件时，应根据未成年被害人的生理、心理特点，在相对集中的时间和空间内，尽可能一次性完成对未成年被害人的询问、人身检查、伤情固定、物证提取、辨认等侦查取证工作，并根据需要同步落实对未成年人的救助保护措施。自 2015 年起，本市检察机关和公安机关积极探索性侵害案件中未成年被害人“一站式”取证保护工作，以避免对被害人造成二次伤害。2017 年 1 月，上海市人民检察院与上海市高级人民法院、上海市公安局联合制定《性侵害未成年人犯罪案件办案指引(试行)》，明确“一站式”取证保护的基本原则和具体要求。2020 年 8 月，上海市人民检察院与上海市公安局会签《关于进一步规范性侵害案件未成年被害人“一站式”取证保护工作的实施意见》，对“一站式”取证和保护工作进行全面规范。“一站式”取证保护场所一般同时具备询问、身体检查、心理疏导等功能，配备同步录音录像、单向玻璃等设备，采用符合未成年人身心特点的装饰风格。同时检察机关还组建了女性法律援助律师、心理咨询师、青少年事务社会工作者等专业队伍，同步介入案件，构建未成年被害人司法、心理、经济、社会、法律援助五位一体综合救助保护平台。从实践情况看,上海 16 个区已建成 26 个“一站式”取证保护场所,实现了全市覆盖。

从司法实践看,这些制度和举措在办理未成年人犯罪、贯彻对违法犯罪的未成年人实施教育和挽救,以及预防和减少未成年人犯罪的工作中发挥着越来越重要的作用。

二、司法机关专门机构与专门人员

《未成年人保护法》第 101 条规定:“公安机关、人民检察院、人民法院办理未成年人犯罪的案件,应当照顾未成年人的身心特点,并可以根据需要设立专门机构或者指定专人办理。”《预防未成年人犯罪法》第 7 条规定:“公安机关、人民检察院、人民法院、司法行政部门应当由专门机构或者经过专业培训、熟悉未成年人身心特点的专门人员负责预防未成年人犯罪工作。”有关的司法解释和部门文件对此也有明确规定,比如 1995 年公安部出台的《公安机关办理未成年人违法犯罪案件的规定》第 6 条规定:“公安机关应当设置专门机构或者专职人员承办未成年人违法犯罪案件。”

这些面向未成年人的专门化主体都是考虑到未成年人的身心特点,更好地保证未成年人司法理念的切实落地。办理未成年人案件本身具有很强的专业性,不仅因为对未成年人适用专门法律条文和特殊的办案程序,同时在与未成年人沟通和接触过程中，需要注意方式方法。办理未成年人违法犯罪案件的人员应当具有心理学、犯罪学、教育学等专业基本知识和有关法律知识，并具有一定的办案经验。

1986 年 6 月，全国首个“少年起诉组”在上海市长宁区人民检察院设立。1992 年 8 月，全国首个独立建制的未检科在上海市虹口区人民检察院设立。2009 年 11 月，上海市人民检察院及第一、第二分院均设立未检处，上海检察机关在全国率先建立了完备的三级未检工作体系。2019 年 3 月，上海三级检察机关内设机构改革全部完成。

1984 年 10 月，上海市长宁区人民法院建立了第一个专门审理未成年人刑事案件的合议庭，此后近四十年，根据审判工作需要，上海的少年法庭几经扩张和收缩，目前形成一个贯穿三级法院的业务条线和一个全覆盖的工作领导机构(即覆盖全市区级法院和第一、第二、第三中级人民法院的少年法庭工作办公室)相结合的模式。2021 年 1 月，最高人民法院发布《最高人民法院关于加强新时代未成年人审判工作的意见》(以下简称《意见》)，要求坚持未成年人审判的专业化发展方向，加强组织领导和业务指导，加强审判专业化、队伍职业化建设，探索加强未成年人审判机构新路径。为贯彻落实《意见》的部署要求，上海市高级人民法院成立上海市高级人民法院少年法庭工作办公室，该办公室具体统筹全市法院少年法庭的组织领导、审判业务指导、调查研究、经验总结、法治宣传和监督管理等工作，上海各中级法院(除海事法院、金融法院外)、全部基层法院(包括上海铁路运输法院)也均成立少年法庭工作办公室。人民法院、人民检察院继续深化未成年人司法的机构专门化，是完善未成年人司法专门化的重要基础。

设立了针对未成年人犯罪专门机构的司法行政机关，要坚持“教育、感化、挽救”方针和“教育为主、惩罚为辅”原则，全面贯彻落实宽严相济刑事政策，体现司法的人文关怀。同时不断强化对未成年人的司法保护，主动延伸和拓展领域和空间，精心做好判后延伸防范未成年人重新违法犯罪。与此同时，暂时未设立专门机构的区，则需要指定专门人员负责办理涉及未成年人的案件。

第五十一条 **公安机关、人民检察院、人民法院依法开展未成年人社会观护工作，并可以依托符合观护条件的企业事业单位、社会组织等建立社会观护基地。**

【释义】 本条是关于未成年人社会观护的规定。

未成年人社会观护制度是对于涉罪未成年人采取非监禁措施，而是交由社会力量组成的专门观护机构，接受观护人员的辅导、监督、观察、矫正、保护、管束等措施，以达到预防再犯、保证司法顺利进行，并为司法处理提供依据的活动。本市未成年人社会观护中的观护人员是长期从事青少年工作，具有一定心理学、社会学知识背景的专业人士。上海是全国最早对涉罪未成年人探索社会观护的试点地区之一。1993年上海市长宁区检察院首创观护员制度,并于1995年与区社会福利院建立了全国首个观护基地,对涉罪未成年人进行观护帮教,并提供社会实践、公益劳动等机会。2010年上海检察机关涉罪未成年人社会观护体系就已全面建成。

根据《条例》规定,公安机关、人民检察院、人民法院应当依法开展未成年人社会观护工作。观护机构的主要功能有:(1)监管。由观护机构配合公安机关执行取保候审,有效防止未成年人重新违法犯罪或出现弃保脱逃等妨碍诉讼情形。(2)考察。由观护机构对未成年人的日常表现和矫正效果进行客观评估,为司法机关判断其人身危险性和判处刑罚的必要性、是否适用不起诉、缓刑等司法处理决定提供依据。(3)矫正。通过观护帮教,使未成年人改善不良心理和行为,恢复正常生活,顺利回归社会。

由此可见,除了公、检、法三方合力,社会观护还需要社会组织、企事业单位通力合作,以发挥最大效力。因此,本条中表示"可以依托符合观护条件的企业事业单位、社会组织等建立社会观护基地"。观护基地指有能力为未成年人提供教育辅导和心理矫正、知识技能培训等服务的基地,其主要功能有:(1)教育辅导。由观护人员结合心理测评、社会调查等情况制定个性化的教育辅导计划,教育内容包括社会主义法治教育、思想道德教育、心理健康教育等。(2)心理矫正。将观护对象纳入正常青少年群体,展开团体活动，并由观护人员运用心理学专业方法和手段，通过沟通、疏导和心理治疗，帮助观护对象树立正确的人生观和价值观，从而更好地融入社会。(3)知识技能培训。依托企事业单位、技能培养平台的资源，为观护对象提供文化法律知识、劳动技能和就业机会。

第五十二条 公安机关、人民检察院、人民法院对无固定住所、无法提供保证人的未成年人适用取保候审，并依法指定青少年事务社会工作者、观护基地帮教人员、教师或者其他合适成年人担任保证人的，保证人应当履行保证人义务，并配合开展相关矫治教育工作。

【释义】 本条是关于对符合条件的未成年人适用合适保证人制度的规定。

对无固定住所、无法提供保证人的涉罪未成年人适用取保候审和指定合适成年人为保证人的制度，有助于保证法律赋予未成年人合法权利的实现和国家司法公正。是“国家亲权”“最有利于未成年人”原则和对公民人身自由予以尊重的体现，是对经济困难或非本市未成年人的一项救济措施，是中国特色社会主义法治文明的重要体现。

《刑事诉讼法》第68条规定，“人民法院、人民检察院和公安机关决定对犯罪嫌疑人、被告人取保候审，应当责令犯罪嫌疑人、被告人提出保证人或者交纳保证金”。2012年，闵行区人民检察院开始探索合适保证人制度。2020年，上海市人民检察院制定《关于在未成年人刑事案件中适用合适保证人制度的规定》。最高人民法院2022年3月1日起施行的《最高人民法院关于适用〈中华人民共和国刑事诉讼法〉的解释》第554条规定,“人民法院对无固定住所、无法提供保证人的未成年被告人适用取保候审的,应当指定合适成年人作为保证人,必要时可以安排取保候审的被告人接受社会观护”。

根据司法实践的经验,相当一部分涉罪未成年人缺乏经济基础无力交付保证金,主要通过保证人的方式被取保候审。随着社会的发展,人口流动愈加频繁,本市部分涉罪未成年人由于在本地无监护人、无固定住所、无经济来源,即便符合取保候审的条件,也经常因为无法提供保证人或保证金而被采取羁押措施,造成一些未成年人审前羁押的情况,因此需要合适保证人制度进行救济,进而有力地保障未成年人平等参与诉讼的权利。

随着合适保证人制度的推进,合适保证人的范围也日益扩展。正如条文中规定的“依法指定青少年事务社会工作者、观护基地帮教人员、教师或者其他合适成年人担任保证人的,保证人应当履行保证人义务”。取保候审中的保证人义务,主要是监督被保证人遵守在传讯的时候及时到案、不得毁灭、伪造证据或者串供等规定。在发现被保证人可能发生或者已经发生违反规定的行为的,应当及时向执行机关报告。同时,合适保证人依法享有对案件当事人基本情况的知情权。此外,合适保证人在享有一般保证人权利的基础之上，还享有对被保证人的管教权、解除保证关系的权利以及申诉救济权等权利。

本市依托社会各界力量组建合适保证人队伍。涉罪未成年人无法提供保证人的原因主要是其监护人不在身边。针对这样的情况，公安、司法机关要发挥自身的优势，指定社会工作者、未成年观护基地帮教人员、爱心企业负责人、教师等人员担任合适保证人，在取保候审期间承担监督和管理被保证人的责任。指定的合适保证人应当具备高度的责任心与爱心，经验丰富，同时具有投入未成年人保护工作的高度使命感。被指定的合适保证人除了应当履行《刑事诉讼法》所规定的义务外，要积极配合开展对涉罪未成年人的教育矫治工作，与公安、司法机关签订保证书、保密协议，在履行保证、监管责任的同时对涉罪未成年人进行帮助教育。合适保证人在保证期间违反保证责任及保密协议等规定时，应依法追究保证人责任。如果合适保证人在涉罪未成年人取保候审期间消极履行保证职责的或发生被取保候审人脱逃、再次犯罪等严重情形的，应当取消其合适保证人资格，并处以罚款。

第五十三条 人民法院应当加强少年法庭建设，贯彻宽严相济的刑事政策，采用圆桌审判、法庭教育等符合未成年人身心特点的方式审理案件，切实保护未成年人的诉讼权利和合法权益。

鼓励和支持人民法院开展社会调查、心理辅导、判后回访等司法延伸服务，有效预防未成年人重新犯罪。

【释义】 本条是关于未成年人审判和司法延伸服务的规定。

一、人民法院审理未成年人犯罪案件

2021年《最高人民法院关于进一步加强少年法庭工作的意见》对少年法庭的工作提出了细致的意见。其指出，“被告人实施被指控的犯罪时不满十八周岁且人民法院立案时不满二十周岁的刑事案件，应当由少年法庭审理”。下列刑事案件可以由少年法庭审理：(1)人民法院立案时不满二十二周岁的在校学生犯罪案件；(2)强奸、猥亵等性侵未成年人犯罪案件；(3)杀害、伤害、绑架、拐卖、虐待、遗弃等严重侵犯未成年人人身权利的犯罪案件；(4)上述刑事案件罪犯的减刑、假释、暂予监外执行、撤销缓刑等刑罚执行变更类案件；(5)涉及未成年人，由少年法庭审理更为适宜的其他刑事案件。未成年人与成年人共同犯罪案件，一般应当分案审理。2021年3月2日，最高人民法院成立少年法庭工作办公室，综合统筹未成年人审判指导，参与未成年人案件审判管理，协调开展未成年人案件巡回审判等工作。同年，上海法院系统成立了覆盖全市三级法院的少年法庭工作办公室。2023年6月1日，最高人民法院设立最高人民法院少年审判工作办公室，原最高人民法院少年法庭工作办公室不再保留。为此，上海法院正在积极调研，根据上海的工作实际，不断加强全市少年审判工作机制建设。

从多年司法发展的探索中看出，少年法庭作为我国法院审理未成年人犯罪的审判组织，在审理未成年人犯罪，贯彻实施教育、感化、挽救的方针和教育为主、惩罚为辅的原则，以及预防和减少未成年人犯罪的发生和保障涉罪未成年人权益的方面发挥着重要的作用。少年法庭贯彻宽严相济的刑事政策，根据犯罪的具体情况，实行区别对待，做到该宽则宽，当严则严，宽严相济，罚当其罪，最大限度地降低涉罪未成年人对社会的对立情绪，帮助涉罪未成年人重返社会。在案件审理过程中，适用符合未成年人身心特点的审理方式，这样对于更好地贯彻未成年人审判基本原则，更好地保护其合法权益，更好地实现审判职能，实现预防未成年人犯罪的目的十分有益。

圆桌审判，就是改法台式审理为圆桌式审理，灵活运用与被告人生理、心理特点相适应的方式进行审判的一种庭审方式。其主要特点就是通过对以往审判庭布局形式上的改变，对庭审中审问的语气、重点、态度以及庭审程序的控制和掌握，由过去的棱角割据式，改为圆缓相近式，从而营造一个缓和、宽松，同时也具有法律严肃性的庭审气氛。

法庭教育，就是在审理未成年刑事案件之中，除了查清被指控的犯罪事实外，同时贯彻党和国家教育挽救失足未成年人的一系列方针政策。在法庭教育阶段，教育的主体最集中，有公诉人、辩护人、未成年人法定代理人、合议庭成员。教育的内容最丰富，参与者们从不同的角度对失足少年进行多层次、多方位的教育。教育的时间最合适，在法庭审理这样的特殊时间、特殊场合进行教育，容易被未成年人所接受。教育的成果最显著，法庭教育时，审判长明确宣布进行法庭教育，明显区别于一般场合下的教育。

通过圆桌审判、法庭教育等符合未成年人身心特点的方式审理案件，在依法保障未成年人合法权益的同时寓教于审，也保护了未成年人的身心健康，并且能更好地保证诉讼顺利进行。

二、未成年人案件司法延伸服务

新时代的法治建设不光需要人民检察院、人民法院等司法机关履行好检察和审判职能，也同时要做好延伸司法服务，更好地维护当事人的合法权益，形成以审判执行为中心、以职能延伸为触角的"司法助力社会治理"总体框架。体现在未成年人案件中：

(一) 社会调查

是指在涉及未成年人的案件中引入社会力量，对未成年人开展社会调查，为审判工作提供更为客观、全面的参考依据。在未成年人刑事司法中，社会参与不仅包括一般意义上的民众参与司法，同时还强调社会工作服务机构在刑事诉讼各个环节对司法活动的辅助与支持，以协助未成年人有效行使诉讼权利和对未成年人进行教育帮助等。社会调查有助于更好地维护未成年人诉讼权利及其他合法权益,使司法活动体现公正、秩序等价值。在个案中,出具社会调查报告可以帮助法庭更加理性科学地判断案情,作出合适的判决。

(二) 心理辅导

有助于保持未成年人身心健康和加强未成年人与外界的正常联系,减少刑事诉讼程序对未成年人产生的消极影响。未成年人对事物的判断认知能力不高,对外界的依赖性较强、身心承受能力不够强。因此,未成年人的成长过程必不可少地需要来自家庭、学校和社会各方面的持续关心与教育,尽量避免阻断其与外界的联系。传统刑事诉讼倾向于惩罚犯罪和对犯罪人定罪量刑,忽视了未成年人群体的特殊心理问题。涉罪未成年人往往会进入一个只有司法人员和专门的法律职业者参与的相对封闭的司法管理系统中,这将会对他们的身心健康造成不利的影响,甚至在未来工作、生活中留下难以磨灭的阴影。引入心理辅导有助于减少涉罪未成年人的消极心理,保证其顺利回归社会。

(三) 判后回访

可以帮助司法机关了解未成年人的近期思想动态和生活情况,并向未成年人及其家人详细讲解执行期间相关法律规定,同时告诫未成年人,一切行为都必须受法律法规的约束,不能任凭自己的好恶为之,警示珍惜机会,积极接受矫正。同时,判后回访也可以促进社会矛盾化解,彰显司法温情。对未成年人的教育、感化、挽救是贯穿于案件全过程的,常态化的判后回访有助于涉罪未成年人思想上的转变和心理上的压力缓解,从根本上预防其重新犯罪,同时取得良好的法律效果和社会效果。

第五十四条 对被拘留、逮捕以及在未成年犯管教所执行刑罚的未成年人,应当和成年人分别关押、管理和教育,对未成年人的社区矫正和戒毒,应当和成年人分别进行。

对被拘留、逮捕以及在未成年犯管教所执行刑罚或者接受社区矫正和戒毒,且没有完成义务教育的未成年人,公安机关、人民检察院、人民法院、司法行政部门应当和教育部门相互配合,保证其继续接受义务教育。

未成年犯管教所、社区矫正机构应当针对未成年犯、未成年社区矫正对象的案情、刑期、心理特点和改造表现,制定个别化矫治方案,对其加强法治教育、心理健康教育、文化教育和相应的职业教育。

【释义】 本条是关于未成年人分别关押和分类矫治的规定。

一、未成年人分别关押、管理和教育

未成年人重新犯罪的预防不仅要体现在审判过程中,而且要体现在执行拘留、逮捕,以及刑罚执行期间的全过程和各方面，并且要注意未成年人与成年人的区别。在对未成年人实行依法剥夺人身自由的强制措施或者刑罚的执行中，采取与成年人分别关押、分别管理、分别教育是司法机关多年来一贯要求和坚持的做法，有利于针对性地对未成年人进行挽救和教育工作。根据司法实践的经验，部分未成年罪犯与成年人关押在一起，可能受到他人犯罪思想的影响、犯罪行为的教唆和犯罪技能的传授。同时，分别关押、分别管理、分别教育可以针对未成年人的生理、心理的发育特点，在生活能力方面进行管理，更有利于保障未成年人的合法权益。

具体而言，未成年人的分类矫治包括分别关押、分别管理和分别教育三个方面。其中，分别关押是指对被拘留、逮捕和执行刑罚的未成年人与成年人分别予以关押。如将未成年人与成年人分室关押、双方在同一场所时将其分别编队、在监督管理上实行区别对待等。分别管理是指执行拘留、逮捕以及执行刑罚的机关在分别关押的基础上，对成年人与未成年人实施不同的管理制度，即通过执行各项法律法规中关于未成年人特殊规定，适当照顾未成年人的年龄特征和身心特点，保障未成年人基本权益，科学教育矫正。分别教育是指在对未成年人予以拘留、逮捕、执行刑罚时，要对未成年人有针对性地进行道德、法治和爱国主义、社会主义等教育，教育工作亦是预防未成年人重新犯罪的重点。此外，其他接受社区矫正和戒毒的未成年人也应参照遵循上述分别管理、分别教育的规定。尤其是社区矫正机构应当根据未成年社区矫正对象的年龄、心理特点、发育需要、成长经历、犯罪原因、家庭监护教育条件等情况,采取针对性的矫正措施。社区矫正机构为未成年社区矫正对象确定矫正小组,应当吸收熟悉未成年人身心特点的人员参加,并督促、教育未成年人的父母或其他监护人履行监护责任。

二、对未完成义务教育的未成年人继续完成义务教育

对于在押未成年人,要充分考虑其身心特点,既要对他们进行教育矫治,又要照顾他们特殊的成长时期,所采取的一切措施都要适合他们的年龄特点,有利于他们的身心发育和成长。尤其是对没有完成义务教育的未成年犯,执行机关还应当保证其继续接受义务教育的权利。我国《宪法》第46条规定,“中华人民共和国公民有受教育的权利和义务”。公民有受教育的权利和义务,即使是涉罪的未成年人也有获得文化知识和不断提高思想觉悟、道德水平的权利。接受学校教育,是提高未成年人的文化素质、道德修养,参与社会生活的基础。公安机关、人民检察院、人民法院、司法行政部门和教育部门应当相互配合,帮助其学习文化知识,完成义务教育阶段的学习。

三、对未成年人制定个别化矫治方案和加强相关教育

对未成年犯的矫治工作,要贯彻落实《社区矫正法》《社区矫正法实施办法》《未成年犯管教所管理规定》等相关法律法规的规定，未成年犯管教所、社区矫正机构应当针对未成年犯、未成年社区矫正对象的案情、刑期、心理特点、裁判内容、犯罪类型以及家庭背景等不同情况“对症下药”，以教育矫正为核心，进行分类型的个性化矫正工作。在严格落实相关的法律法规规定的同时，围绕未成年矫正对象的心理评估、社会适应性、再犯罪风险评估、自身需求及年龄、心理特点等情况，制定针对性监管方案和教育帮扶方案，更有针对性地帮助未成年矫正对象在矫正期间更好地改善自我，回归社会。

社区矫正机构和未成年犯管教所的工作人员有着丰富的法律工作经验，熟知相关法律法规，也有成熟的教育方面的经验，熟悉未成年人身心特点，要在矫正期间加强对未成年人的法治教育、心理健康教育、文化教育和相应的职业教育。在开展教育工作时，需要采取符合未成年人身心特点、便于其理解接受的方式方法和灵活多样的形式。例如制作法治题材影视剧、微电影；定期开展心理健康培训；开展中华优秀传统文化活动等。本市矫正机构曾开展各种丰富多彩、有针对性的矫治项目，取得了很好的反响，是未来针对不同未成年人特点，实施个性化矫治和教育的有益探索。

第五十五条 司法行政部门应当依法履行对未成年人的安置帮教工作职责。

未成年人的父母或者其他监护人和学校、居民委员会、村民委员会对接受社区矫正、刑释解矫的未成年人,应当采取有效的帮教措施,协助司法行政部门做好安置帮教工作。

刑释解矫和接受社区矫正的未成年人在复学、升学、就业等方面依法享有和其他未成年人同等的权利,任何单位和个人不得歧视。司法行政及教育、民政、卫生健康、人力资源社会保障等部门应当协同配合,落实或者解决刑释解矫和接受社区矫正的未成年人的就学、就业问题。

【释义】 本条是关于司法行政部门组织相关部门和社会力量对于刑释解矫和接受社区矫正的未成年人开展安置帮教的规定。

安置帮教是指本市行政区域内相关部门、有关群团组织、社会帮教组织、企业事业单位、公民对服刑人员和刑释解矫人员开展的扶助、教育、服务等活动。未成年人是国家的希望,对有违法犯罪行为的未成年人进行帮助、教育、挽救,使他们正确地认识自己的错误,改过自新,是司法行政部门的重要职责。《条例》规定了司法行政部门应当依法履行对刑释解矫和接受社区矫正的未成年人的安置帮教工作职责。同时,也需要通过其他社会力量协同合作、形成合力,做好未成年人的帮教工作。

一、未成年人的父母或者其他监护人和学校、居民委员会、村民委员会协助司法行政部门做好安置帮教工作

刑释解矫,是指刑满释放和解除社区矫正。《监狱法》

第35条至第38条规定，罪犯服刑期满，监狱应当按期释放并发给释放证明书，当地人民政府帮助其安置生活，且刑满释放人员依法享有与其他公民平等的权利。根据《社区矫正法》第44条以及第55条至第57条等的规定，社区矫正对象矫正期满或者被赦免的，社区矫正机构应当发放解除社区矫正证明书，并通知社区矫正决定机关、所在地的人民检察院、公安机关。对于未成年社区矫正对象，社区矫正机构可以协调有关部门和单位为其提供职业技能培训，给予就业指导和帮助，未成年社区矫正对象在复学、升学、就业等方面依法享有与其他未成年人同等的权利，任何单位和个人不得歧视。

未成年人的父母或者其他监护人和所在学校、居民委员会、村民委员会等社会力量应当协助司法行政部门做好社区矫正和安置帮教工作。本条规定，未成年人的父母或者其他监护人和学校、居民委员会、村民委员会应当采取积极有效的帮教措施，协助司法机关做好对未成年人的教育、挽救工作。社会帮教的主体是未成年人的父母或者其他监护人和学校、居民委员会、村民委员会。社会帮教的对象是接受社区矫正和刑释解矫的未成年人。对这类未成年人开展帮教工作，考虑到未成年人可塑性较强，往往违法犯罪情节较轻、社会危害性较小，应坚持教育、挽救方针，对未成年人采取有针对性的帮教措施:(1)未成年人的父母或者其他监护人有管教能力的，可以责令其父母或者其他监护人进行帮助教育。未成年人的父母或者其他监护人长期与未成年人生活,具有良好的感情基础和沟通优势。(2)学校对未成年人的帮助教育。学校老师长期从事教育工作,较为熟悉未成年人的心理、生理特点。(3)居民委员会、村民委员会的帮助教育。未成年人扎根、生活在社区,基层自治组织了解未成年人的生活环境,相对熟悉其家庭状况,可以更有效地开展帮助教育。

二、刑释解矫和接受社区矫正的未成年人在复学、升学、就业等方面依法享有和其他未成年人同等的权利

本条明确规定刑释解矫和接受社区矫正的未成年人在复学升学、就业等方面与其他未成年人享有同等的权利,任何单位和个人不得歧视。

首先,接受教育尤其是接受义务教育是未成年人的一项基本权利。我国《宪法》第 46 条规定,“中华人民共和国公民有受教育的权利和义务”。《义务教育法》第 4 条规定,“凡具有中华人民共和国国籍的适龄儿童、少年,不分性别、民族、种族、家庭财产状况、宗教信仰等,依法享有平等接受义务教育的权利,并履行接受义务教育的义务”。未成年人的受教育权是一项基本权利。涉罪未成年人同样有获得文化科学知识和不断提高思想觉悟、道德水平的权利。保障未成年人的受教育权,对未成年人的健康成长、融入社会具有重要的意义。

其次,对被拘留、逮捕以及在未成年犯管教所执行刑罚且没有完成义务教育的未成年人，公安机关、人民检察院、人民法院、司法行政部门应当与教育行政部门相互配合，保证其继续接受义务教育。上述未成年人要求复学的，有关部门和学校应当给其办理手续，依法保障其复学，不得设置障碍。同时，家庭、学校、社会对刑释解矫和接受社区矫正的未成年人不得歧视。尤其是未成年人所在学校应当一视同仁，保障其正常的学习条件与学习环境。

最后，对于刑释解矫和接受社区矫正的未成年人需要就业的，社会、基层组织和有关部门也应给予他们平等的机会。涉罪未成年人经过矫正后已经改过自新，心理和行为习惯得到改善，司法行政及教育、民政、卫生健康、人力资源社会保障等部门应当协同配合，解决好刑释解矫和接受社区矫正的未成年人的就业问题。若年满十六周岁的社区矫正对象有就业意愿，社区矫正机构可以协调有关部门和单位为其提供职业技能培训，给予就业指导和帮助。

第七章　法律责任

第五十六条　违反本条例规定，法律、行政法规有处理规定的，从其规定。

【释义】　本条是关于预防未成年人犯罪相关法律法规指引条款的规定。

违反《条例》规定，可能涉及的法律主要有《预防未成年人犯罪法》《刑法》《治安管理处罚法》《未成年人保护法》，行政法规主要有《电影管理条例》《音像制品管理条例》《出版管理条例》《广播电视管理条例》《娱乐场所管理条例》等。

一、《预防未成年人犯罪法》

学校及其教职员工违反本法规定，不履行预防未成年人犯罪工作职责，或者虐待、歧视相关未成年人的，由教育行政等部门责令改正，通报批评；情节严重的，对直接负责的主管人员和其他直接责任人员依法给予处分。构成违反治安管理行为的，由公安机关依法予以治安管理处罚。

教职员工教唆、胁迫、引诱未成年人实施不良行为或者严重不良行为，以及品行不良、影响恶劣的，教育行政部门、学校应当依法予以解聘或者辞退。

违反本法规定，在复学、升学、就业等方面歧视相关未成年人的，由所在单位或者教育、人力资源和社会保障等部门责令改正；拒不改正的，对直接负责的主管人员或者其他直接责任人员依法给予处分。

二、《刑法》

值得注意的是，除典型的未成年人犯罪行为以及《刑法》第 17 条第 5 款规定的“因不满十六周岁不予刑事处罚的，责令其父母或者其他监护人加以管教；在必要的时候，依法进行专门矫治教育”以外，未成年人严重不良行为中的某些类型，在特定情形下也可能构成犯罪，由《刑法》所规制，如：

(一) 结伙斗殴,追逐、拦截他人,强拿硬要或者任意损毁、占用公私财物等寻衅滋事行为,当未成年人年满十六周岁,且情节恶劣的,可能构成《刑法》第 293 条规定的寻衅滋事罪。情节恶劣主要包括致一人以上轻伤或者二人以上轻微伤的,引起他人精神失常、自杀等严重后果的,强拿硬要公私财物价值 1 000 元以上等。

(二) 非法携带枪支、弹药或者弩、匕首等国家规定的管制器具,当未成年人年满十六周岁,且非法持有、私藏军用枪支一支的,或非法持有、私藏以火药为动力发射枪弹的非军用枪支一支或者以压缩气体等为动力的其他非军用枪支二支以上等情形的,可能构成《刑法》第 128 条规定的非法持有枪支、弹药罪。

(三) 殴打、辱骂、恐吓,或者故意伤害他人身体,当未成年人年满十六周岁,且故意伤害造成他人轻伤的,或者未成年人年满十四周岁不满十六周岁,且故意伤害致人重伤或者死亡的,可能构成《刑法》第 234 条规定的故意伤害罪。

(四) 盗窃、哄抢、抢夺或者故意损毁公私财物,当未成年人年满十六周岁,且盗窃金额在 2 000 元以上(上海市标准)的,可能构成《刑法》第 264 条规定的盗窃罪;当未成年人年满十六周岁,聚众(三人以上)哄抢,数额在 4 000 元以上,且未成年人为首要分子或者积极参加人时,可能构成《刑法》第 268 条规定的聚众哄抢罪;当未成年人年满十六周岁，抢夺数额较大(1 000 元以上)，且不属于初犯的，可能构成《刑法》第 267 条规定的抢夺罪；当未成年人年满十六周岁，且造成公私财物损失 5 000 元以上的或毁坏公私财物三次以上等的，可能构成《刑法》第 275 条规定的故意毁坏财物罪。

(五) 传播淫秽的读物、音像制品或者信息等，当未成年人年满十六周岁，且向他人传播 300 至 600 人次以上或造成恶劣影响的，可能构成《刑法》第 364 条规定的传播淫秽物品罪；当未成年人年满十六周岁，且传播淫秽物品牟利时，可能构成《刑法》第 363 条规定的传播淫秽物品牟利罪。

三、《治安管理处罚法》

《预防未成年人犯罪法》与《条例》均规定，严重不良行为是指未成年人实施的有刑法规定、因不满法定刑事责任年龄不予刑事处罚的行为(触刑行为)，以及九类严重危害社会的行为。从性质上看，严重不良行为即未成年人所实施的具有严重社会危害性，但尚不够刑事处罚的违法行为。它具有以下几个基本特征：一是严重不良行为的实施主体是未成年人；二是实施严重不良行为的主观方面应限于故意，过失不能构成严重不良行为；三是行为必须具有严重社会危害性，是一种严重危害社会的行为；四是尚不够刑事处罚的条件。可以看出，除触刑行为以外，其他严重不良行为本质上为未成年人实施的违反《治安管理处罚法》的行为。即未成年人结伙斗殴、殴打他人、盗窃公私财物等行为，虽然具有严重社会危害性，但尚没有达到刑事犯罪的程度。但是基于“特别法优于一般法”的原则，对于未成年人严重不良行为适用《预防未成年人犯罪法》及《条例》中规定的矫治教育措施，如予以训诫、责令赔礼道歉、责令定期报告活动情况、责令参加社会服务活动等。不过需要注意的是，教唆、胁迫、引诱未成年人实施不良行为或者严重不良行为，构成违反治安管理行为的，由公安机关依法予以治安管理处罚。

四、《未成年人保护法》

（一）在互联网网站、移动互联网应用程序上制作、复制、出版、发布、提供或者传播含有淫秽、色情、暴力、邪教、迷信、赌博、毒品、教唆犯罪、歪曲历史、引诱自杀、恐怖主义、分裂主义、极端主义等影响未成年人健康成长的网络服务和违法信息，由新闻出版、广播电视、电影、网信等部门按照职责分工责令限期改正，给予警告，没收违法所得，可以并处10万元以下罚款；拒不改正或者情节严重的，责令暂停相关业务、停产停业或者吊销营业执照、吊销相关许可证，违法所得100万元以上的，并处违法所得一倍以上十倍以下的罚款，没有违法所得或者违法所得不足100万元的，并处10万元以上100万元以下罚款。

（二）在学校、幼儿园周边开设营业性娱乐场所、酒吧、互联网上网服务营业场所等不适宜未成年人活动的场所,或者虽然在其他区域开设上述场所但允许未成年人进去的,以及在学校、幼儿园周边设置烟、酒、彩票销售网点,或向未成年人销售烟、酒、彩票或者兑付彩票奖金的,由文化和旅游、市场监督管理、烟草专卖、公安等部门按照职责分工责令限期改正,给予警告,没收违法所得,可以并处5万元以下罚款;拒不改正或者情节严重的,责令停业整顿或者吊销营业执照、吊销相关许可证,可以并处5万元以上50万元以下罚款。

五、其他行政法规

违反《条例》规定,可能涉及的行政法规主要有《电影管理条例》《音像制品管理条例》《出版管理条例》《广播电视管理条例》《娱乐场所管理条例》等,应当从其规定进行处罚。例如,播放宣扬邪教、迷信、淫秽、暴力、教唆犯罪或其他不适宜未成年人观看的电影的,由电影行政部门责令停业整顿,没收违法经营的电影片和违法所得;违法所得5万元以上的,并处违法所得五倍以上十倍以下的罚款;没有违法所得或者违法所得不足5万元的,并处20万元以上50万元以下的罚款;情节严重的,并由原发证机关吊销许可证。

如法律、行政法规没有规定的,依照《条例》规定执行。

第五十七条 **实施严重不良行为的未成年人的父母或者其他监护人不依法履行监护职责的,公安机关、人民检察院、人民法院应当予以训诫,并可以通过告诫书、督促监护令、家庭教育指导令等形式责令其接受家庭教育指**

导，督促其履行监护职责。

【释义】 本条是关于实施严重不良行为的未成年人的父母或者其他监护人不依法履行监护职责的法律责任的规定。

未成年人的父母或其他监护人依法履行监护责任，是未成年人健康成长的重要前提，加强对父母或其他监护人依法履行监护职责的监督，是政府、司法机关以及全社会的共同责任。因此，2020年《未成年人保护法》和《预防未成年人犯罪法》修订时，就规定了父母或其他监护人不依法履行监护职责的法律责任。如《未成年人保护法》第118条规定："未成年人的父母或者其他监护人不依法履行监护职责或者侵犯未成年人合法权益的，由其居住地的居民委员会、村民委员会予以劝诫、制止；情节严重的，居民委员会、村民委员会应当及时向公安机关报告。公安机关接到报告或者公安机关、人民检察院、人民法院在办理案件过程中发现未成年人的父母或者其他监护人存在上述情形的，应当予以训诫，并可以责令其接受家庭教育指导。"《预防未成年人犯罪法》同样也对实施严重不良行为的未成年人的父母或者其他监护人的训诫与责令接受家庭教育指导作出规定。但是，两法未明确家庭教育指导的具体形式。因此，《条例》进一步细化上位法，规定公安机关、人民检察院和人民法院可以通过告诫书、督促监护令、家庭教育指导令等形式责令其接受家庭教育指导，督促其履行监护职责。

一、实施严重不良行为的未成年人的父母或者其他监护人不依法履行监护职责的情形

（一）父母或者其他监护人的未成年子女实施了严重不良行为

严重不良行为即未成年人实施的有刑法规定、因不满法定刑事责任年龄不予刑事处罚的行为，以及严重危害社会的下列行为：(1)结伙斗殴，追逐、拦截他人，强拿硬要或者任意损毁、占用公私财物等寻衅滋事行为；(2)非法携带枪支、弹药或者弩、匕首等国家规定的管制器具；(3)殴打、辱骂、恐吓，或者故意伤害他人身体；(4)盗窃、哄抢、抢夺或者故意损毁公私财物；(5)传播淫秽的读物、音像制品或者信息等；(6)卖淫、嫖娼，或者进行淫秽表演；(7)吸食、注射毒品，或者向他人提供毒品；(8)参与赌博赌资较大；(9)其他严重危害社会的行为。

（二）不依法履行监护职责

是指父母或者其他监护人拒绝履行、怠于履行监护职责或对相关监护职责履行不当。未成年人的父母或者其他监护人应当依法履行监护职责，不得实施侵犯未成年人身心健康、财产权益或者不依法履行未成年人保护义务的行为。同时，未成年人的父母或者其他监护人应教育和指导未成年人养成良好的生活和学习习惯，关注未成年人的生理和心理健康状况，预防和制止未成年人实施不良行为和违法犯罪行为。

二、人民法院、人民检察院、公安机关予以训诫和责令接受家庭教育指导

（一）关于训诫

训诫是人民法院、人民检察院、公安机关对有轻微违法行为的人进行的批评教育，并责令其予以改正、不得再犯的一种惩戒方式。对不依法履行监护职责的未成年人父母或者其他监护人进行训诫，可以起到一定的警示作用，提示行为人改正错误。在训诫的过程中，人民法院、人民检察院、公安机关应当严肃指出行为人的违法之处，并责令其予以改正。

（二）关于责令接受家庭教育指导

未成年人出现不良行为、严重不良行为甚至犯罪行为，很多情况下是因为缺乏来自家庭尤其是父母的教育与引导。责令父母或者其他监护人接受家庭教育指导是纠正监护不当的有效方式。因此，《家庭教育促进法》《未成年人保护法》《预防未成年人犯罪法》等法律法规都规定了对父母的家庭教育指导工作。《条例》在相关法律法规基础上，进一步对责令家庭教育指导的形式作出规定，即人民法院、人民检察院、公安机关可通过告诫书、告诫监护令和家庭教育令的形式责令其接受家庭教育指导。其中，告诫书由公安机关作出，公安机关可以会同青少年事务社工或其他教育主体围绕如何调整沟通技巧、改善家庭氛围、提升教育理念等方面指导当事人转变家庭教育方式方法，切实承担对未成年人的监护教育责任；督促监护令由人民检察院作出，是检察机关督促、引导父母对孩子履行监护人应尽的职责和义务，保障被监护人的合法权益，向监护人发出依法履行监护职责的检察工作文书；家庭教育指导令由人民法院作出，是对父母或其他监护人不当家庭教育行为作出的具有规训性、惩戒性的法律文书，家庭教育指导令既会对父母或其他监护人实施的不当家庭教育行为进行否定性评价，列明具体措施，对不当家庭教育行为进行纠正，也会明确拒不执行家庭教育指导令的法律后果，并告知当事人复议权。

第五十八条 **专业服务机构及其工作人员违反本条例规定，由相关部门依法处理。业务主管部门协助相关部门查处违法行为，并配合做好督促整改工作。**

【释义】 本条是关于专业服务机构及其工作人员违反《条例》规定的法律责任。

未成年人司法的一大特点就是，基于教育主义的要求，司法机关在办案过程中需要大量案外工作的支持，避免宽缓处遇的风险，并使涉罪未成年人能够回归、融入社会，而这些案外工作即由专业服务机构提供。因此，《条例》相较于《预防未成年人犯罪法》，创设了“预防支持体系”一章，并重点对从事预防未成年人犯罪工作的社会工作服务机构、专门评估机构等专业服务机构的培育扶持、服务内容、服务规范、服务监督等作出规定。本条相应地规定了违反这些规定的法律责任。

一、专业服务机构及其违法情形

(一) 专业服务机构

专业服务机构主要是指从事预防未成年人犯罪工作的社会工作服务机构和专门评估机构。其中,社会工作服务机构是以社会工作者为主体,坚持“助人自助”宗旨,遵循社会工作专业伦理规范,综合运用社会工作专业知识、方法和技能,开展困难救助、矛盾调处、权益维护、心理疏导、行为矫治、关系调适等服务工作的非企业单位。目前,本市从事预防未成年人犯罪工作的社会工作服务机构主要有上海市阳光社区青少年事务中心、上海中致社区服务社、上海茸城社区平安服务社、上海市嘉园社区青少年事务中心、上海市奉贤区启贤青少年社会工作服务中心等。专门评估机构即作为中立第三方对社会工作服务机构的工作人员在参与预防未成年人犯罪工作中的服务过程及服务成效进行评估的单位。专门评估的结果将及时反馈人民法院、人民检察院、公安机关等委托主体,有助于未成年人司法社会服务形成闭环。本市从事预防未成年人犯罪工作的专门评估机构主要有上海市阳光星辰少年司法社会服务中心等。

(二) 有关违法情形

专业服务机构工作人员应当严格遵守《社会工作者职

业道德指引》，此外，《条例》第 14 条、第 16 条对专业服务机构的有关义务作了规定，具体如下："社会工作服务机构、专门评估机构等专业服务机构应当加强专业能力建设，指派青少年事务社会工作者、专业评估人员等开展专业服务，不断提高服务质量。专业服务机构及其工作人员对服务过程中获取的未成年人相关信息，应当予以保密。""专业服务机构应当建立信用承诺制度，接受审计监督、社会监督和舆论监督。"

二、法律责任

本条规定，专业服务机构及其工作人员违反《条例》规定，由相关部门依法处理。具体是指：

违反《预防未成年人犯罪法》第 64 条规定的：有关社会组织、机构及其工作人员虐待、歧视接受社会观护的未成年人，或者出具虚假社会调查、心理测评报告的，由民政、司法行政等部门对直接负责的主管人员或者其他直接责任人员依法给予处分，构成违反治安管理行为的，由公安机关予以治安管理处罚。

专业服务机构或工作人员违法泄露未成年人相关信息的，《个人信息保护法》第 66 条规定：违反本法规定处理个人信息，或者处理个人信息未履行本法规定的个人信息保护义务的，由履行个人信息保护职责的部门责令改正，给予警告，没收违法所得，对违法处理个人信息的应用程序，责令暂停或者终止提供服务；拒不改正的，并处 100 万元以下罚款；对直接负责的主管人员和其他直接责任人员处 1 万元以上 10 万元以下罚款。

专业服务机构违反信用承诺制度，可根据上海市市场监管局印发的《关于完善信用体系建设支持企业高质量发展的若干措施》，将相关专业服务机构列入严重违法失信名单等。

值得注意的是，根据国务院《社会团体登记管理条例》《民办非企业单位登记管理暂行条例》等规定，社会组织的业务主管单位应当监督、指导社会组织遵守宪法、法律、法规和国家政策，依据其章程开展活动，督促指导内部管理混乱的社会组织进行整改。因此本条作出规定，当专业服务机构违反《条例》规定时，其业务主管部门应当协助相关部门查处违法行为，并配合做好督促整改工作。

第五十九条　国家机关及其工作人员在预防未成年人犯罪工作中不依法履行职责，由其所在单位或者上级主管部门责令改正；玩忽职守、滥用职权、徇私舞弊的，对直接负责的主管人员和其他直接责任人员，依法给予处分。构成犯罪的，依法追究刑事责任。

【释义】　本条是关于国家机关及其工作人员在预防未成年人犯罪工作中不依法履行职责的法律责任。

《条例》多项条款对国家机关及其工作人员在预防未成年人犯罪工作中的职责作出了规定，尤其是对政府各相关部门及人民检察院、人民法院的职责进行了清晰地界定，解决了原先预防未成年人犯罪主体责任不明的问题。例如，《条例》第5条规定："公安机关依法办理涉及未成年人违法犯罪案件，对实施不良行为、严重不良行为以及犯罪的未成年人进行教育、干预和矫治。司法行政部门负责违法犯罪未成年人的教育管理、矫治和安置帮教工作。教育部门负责在校未成年人的预防犯罪工作。民政部门负责统筹、协调未成年人保护工作，会同有关部门支持、培育和引导社会力量参与预防未成年人犯罪工作。文化旅游、市场监督管理、网信、卫生健康、新闻出版、电影、广播电视等有关部门按照各自职责，共同做好预防未成年人犯罪工作。"相关部门及其工作人员应当依照法律法规设定的权限，依法履行自身职责，不得怠于或超越法定权限履行职责，否则即由其所在单位或者上级主管部门责令改正。

另外，当国家机关工作人员玩忽职守、滥用职权、徇私舞弊时，对直接负责的主管人员和其他直接责任人员，依法给予处分。其中，玩忽职守是指国家机关工作人员对本职工作严重不负责，不履行或者不认真履行应尽的职责；滥用职权是指不按法律规定，故意逾越权限范围，处理其无权决定的事项；徇私舞弊是指利用职务上的便利，为了自身利益故意违反事实与法律，作出枉法的决定。而当国家机关工作人员玩忽职守、滥用职权致使公共财产、国家和人民利益遭受重大损失时，则可能构成玩忽职守罪、滥用职权罪；当国家机关工作人员徇私舞弊对不符合减刑、假释、暂予监外执行条件的未成年罪犯，予以减刑、假释或者暂予监外执行，或者对依法应当移交司法机关追究刑事责任的案件不移交的，则可能构成徇私舞弊减刑、假释、暂予监外执行罪和徇私舞弊不移交刑事案件罪等罪名。

第八章　附　　则

第六十条　本条例自 2022 年 3 月 1 日起施行。

【释义】　本条是关于《条例》施行日期的规定。

法律法规的施行与法律法规的公布不是同一概念。前者是法律法规的生效时间，后者是立法工作的最后一道程序，即法律法规经全国或地方人大常委会全体会议表决通过后向社会予以公布。

《立法法》第 57 条要求："法律应当明确规定施行日期。"《条例》规定自 2022 年 3 月 1 日起施行。

第二部分

附　录

中华人民共和国预防未成年人犯罪法

（1999 年 6 月 28 日第九届全国人民代表大会常务委员会第十次会议通过　根据 2012 年 10 月 26 日第十一届全国人民代表大会常务委员会第二十九次会议《关于修改〈中华人民共和国预防未成年人犯罪法〉的决定》修正　2020 年 12 月 26 日第十三届全国人民代表大会常务委员会第二十四次会议修订）

目　录

第一章 总 则

第一条 为了保障未成年人身心健康，培养未成年人良好品行，有效预防未成年人违法犯罪，制定本法。

第二条 预防未成年人犯罪，立足于教育和保护未成年人相结合，坚持预防为主、提前干预，对未成年人的不良行为和严重不良行为及时进行分级预防、干预和矫治。

第三条 开展预防未成年人犯罪工作，应当尊重未成年人人格尊严，保护未成年人的名誉权、隐私权和个人信息等合法权益。

第四条 预防未成年人犯罪，在各级人民政府组织下，实行综合治理。

国家机关、人民团体、社会组织、企业事业单位、居民委员会、村民委员会、学校、家庭等各负其责、相互配合，共同做好预防未成年人犯罪工作，及时消除滋生未成年人违法犯罪行为的各种消极因素，为未成年人身心健康发展创造良好的社会环境。

第五条 各级人民政府在预防未成年人犯罪方面的工作职责是：

（一）制定预防未成年人犯罪工作规划；

（二）组织公安、教育、民政、文化和旅游、市场监督管理、网信、卫生健康、新闻出版、电影、广播电视、司法行政等有关部门开展预防未成年人犯罪工作；

（三）为预防未成年人犯罪工作提供政策支持和经费保障；

（四）对本法的实施情况和工作规划的执行情况进行检查；

（五）组织开展预防未成年人犯罪宣传教育；

（六）其他预防未成年人犯罪工作职责。

第六条 国家加强专门学校建设，对有严重不良行为的未成年人进行专门教育。专门教育是国民教育体系的组成部分，是对有严重不良行为的未成年人进行教育和矫治的重要保护处分措施。

省级人民政府应当将专门教育发展和专门学校建设纳入经济社会发展规划。县级以上地方人民政府成立专门教育指导委员会，根据需要合理设置专门学校。

专门教育指导委员会由教育、民政、财政、人力资源社会保障、公安、司法行政、人民检察院、人民法院、共产主义青年团、妇女联合会、关心下一代工作委员会、专门学校等单位，以及律师、社会工作者等人员组成，研究确定专门学校教学、管理等相关工作。

专门学校建设和专门教育具体办法，由国务院规定。

第七条 公安机关、人民检察院、人民法院、司法行政部门应当由专门机构或者经过专业培训、熟悉未成年人身心特点的专门人员负责预防未成年人犯罪工作。

第八条 共产主义青年团、妇女联合会、工会、残疾人联合会、关心下一代工作委员会、青年联合会、学生联合会、少年先锋队以及有关社会组织,应当协助各级人民政府及其有关部门、人民检察院和人民法院做好预防未成年人犯罪工作,为预防未成年人犯罪培育社会力量,提供支持服务。

第九条 国家鼓励、支持和指导社会工作服务机构等社会组织参与预防未成年人犯罪相关工作,并加强监督。

第十条 任何组织或者个人不得教唆、胁迫、引诱未成年人实施不良行为或者严重不良行为,以及为未成年人实施上述行为提供条件。

第十一条 未成年人应当遵守法律法规及社会公共道德规范,树立自尊、自律、自强意识,增强辨别是非和自我保护的能力,自觉抵制各种不良行为以及违法犯罪行为的引诱和侵害。

第十二条 预防未成年人犯罪,应当结合未成年人不同年龄的生理、心理特点,加强青春期教育、心理关爱、心理矫治和预防犯罪对策的研究。

第十三条 国家鼓励和支持预防未成年人犯罪相关学科建设、专业设置、人才培养及科学研究,开展国际交流与合作。

第十四条 国家对预防未成年人犯罪工作有显著成绩的组织和个人,给予表彰和奖励。

第二章　预防犯罪的教育

第十五条　国家、社会、学校和家庭应当对未成年人加强社会主义核心价值观教育，开展预防犯罪教育，增强未成年人的法治观念，使未成年人树立遵纪守法和防范违法犯罪的意识，提高自我管控能力。

第十六条　未成年人的父母或者其他监护人对未成年人的预防犯罪教育负有直接责任，应当依法履行监护职责，树立优良家风，培养未成年人良好品行；发现未成年人心理或者行为异常的，应当及时了解情况并进行教育、引导和劝诫，不得拒绝或者怠于履行监护职责。

第十七条　教育行政部门、学校应当将预防犯罪教育纳入学校教学计划，指导教职员工结合未成年人的特点，采取多种方式对未成年学生进行有针对性的预防犯罪教育。

第十八条　学校应当聘任从事法治教育的专职或者兼职教师，并可以从司法和执法机关、法学教育和法律服务机构等单位聘请法治副校长、校外法治辅导员。

第十九条　学校应当配备专职或者兼职的心理健康教育教师，开展心理健康教育。学校可以根据实际情况与专业心理健康机构合作，建立心理健康筛查和早期干预机制，预防和解决学生心理、行为异常问题。

学校应当与未成年学生的父母或者其他监护人加强

沟通，共同做好未成年学生心理健康教育；发现未成年学生可能患有精神障碍的，应当立即告知其父母或者其他监护人送相关专业机构诊治。

第二十条　教育行政部门应当会同有关部门建立学生欺凌防控制度。学校应当加强日常安全管理，完善学生欺凌发现和处置的工作流程，严格排查并及时消除可能导致学生欺凌行为的各种隐患。

第二十一条　教育行政部门鼓励和支持学校聘请社会工作者长期或者定期进驻学校，协助开展道德教育、法治教育、生命教育和心理健康教育，参与预防和处理学生欺凌等行为。

第二十二条　教育行政部门、学校应当通过举办讲座、座谈、培训等活动，介绍科学合理的教育方法，指导教职员工、未成年学生的父母或者其他监护人有效预防未成年人犯罪。

学校应当将预防犯罪教育计划告知未成年学生的父母或者其他监护人。未成年学生的父母或者其他监护人应当配合学校对未成年学生进行有针对性的预防犯罪教育。

第二十三条　教育行政部门应当将预防犯罪教育的工作效果纳入学校年度考核内容。

第二十四条　各级人民政府及其有关部门、人民检察院、人民法院、共产主义青年团、少年先锋队、妇女联合会、残疾人联合会、关心下一代工作委员会等应当结合实际，组织、举办多种形式的预防未成年人犯罪宣传教育活动。有条件的地方可以建立青少年法治教育基地，对未成年人开展法治教育。

第二十五条 居民委员会、村民委员会应当积极开展有针对性的预防未成年人犯罪宣传活动，协助公安机关维护学校周围治安，及时掌握本辖区内未成年人的监护、就学和就业情况，组织、引导社区社会组织参与预防未成年人犯罪工作。

第二十六条 青少年宫、儿童活动中心等校外活动场所应当把预防犯罪教育作为一项重要的工作内容，开展多种形式的宣传教育活动。

第二十七条 职业培训机构、用人单位在对已满十六周岁准备就业的未成年人进行职业培训时，应当将预防犯罪教育纳入培训内容。

第三章 对不良行为的干预

第二十八条 本法所称不良行为，是指未成年人实施的不利于其健康成长的下列行为：

（一）吸烟、饮酒；

（二）多次旷课、逃学；

（三）无故夜不归宿、离家出走；

（四）沉迷网络；

（五）与社会上具有不良习性的人交往，组织或者参加实施不良行为的团伙；

（六）进入法律法规规定未成年人不宜进入的场所；

（七）参与赌博、变相赌博，或者参加封建迷信、邪教等活动；

（八）阅览、观看或者收听宣扬淫秽、色情、暴力、恐怖、极端等内容的读物、音像制品或者网络信息等；

（九）其他不利于未成年人身心健康成长的不良行为。

第二十九条　未成年人的父母或者其他监护人发现未成年人有不良行为的，应当及时制止并加强管教。

第三十条　公安机关、居民委员会、村民委员会发现本辖区内未成年人有不良行为的，应当及时制止，并督促其父母或者其他监护人依法履行监护职责。

第三十一条　学校对有不良行为的未成年学生，应当加强管理教育，不得歧视；对拒不改正或者情节严重的，学校可以根据情况予以处分或者采取以下管理教育措施：

（一）予以训导；

（二）要求遵守特定的行为规范；

（三）要求参加特定的专题教育；

（四）要求参加校内服务活动；

（五）要求接受社会工作者或者其他专业人员的心理辅导和行为干预；

（六）其他适当的管理教育措施。

第三十二条 学校和家庭应当加强沟通，建立家校合作机制。学校决定对未成年学生采取管理教育措施的，应当及时告知其父母或者其他监护人；未成年学生的父母或者其他监护人应当支持、配合学校进行管理教育。

第三十三条 未成年学生有偷窃少量财物，或者有殴打、辱骂、恐吓、强行索要财物等学生欺凌行为，情节轻微的，可以由学校依照本法第三十一条规定采取相应的管理教育措施。

第三十四条 未成年学生旷课、逃学的，学校应当及时联系其父母或者其他监护人，了解有关情况；无正当理由的，学校和未成年学生的父母或者其他监护人应当督促其返校学习。

第三十五条 未成年人无故夜不归宿、离家出走的，父母或者其他监护人、所在的寄宿制学校应当及时查找，必要时向公安机关报告。

收留夜不归宿、离家出走未成年人的，应当及时联系其父母或者其他监护人、所在学校；无法取得联系的，应当及时向公安机关报告。

第三十六条 对夜不归宿、离家出走或者流落街头的未成年人，公安机关、公共场所管理机构等发现或者接到报告后，应当及时采取有效保护措施，并通知其父母或者其他监护人、所在的寄宿制学校，必要时应当护送其返回住所、学校；无法与其父母或者其他监护人、学校取得联系的，应当护送未成年人到救助保护机构接受救助。

第三十七条 未成年人的父母或者其他监护人、学校发现未成年人组织或者参加实施不良行为的团伙，应当及时制止；发现该团伙有违法犯罪嫌疑的，应当立即向公安机关报告。

第四章 对严重不良行为的矫治

第三十八条 本法所称严重不良行为，是指未成年人实施的有刑法规定、因不满法定刑事责任年龄不予刑事处罚的行为，以及严重危害社会的下列行为：

（一）结伙斗殴，追逐、拦截他人，强拿硬要或者任意损毁、占用公私财物等寻衅滋事行为；

（二）非法携带枪支、弹药或者弩、匕首等国家规定的管制器具；

（三）殴打、辱骂、恐吓，或者故意伤害他人身体；

（四）盗窃、哄抢、抢夺或者故意损毁公私财物；

（五）传播淫秽的读物、音像制品或者信息等；

（六）卖淫、嫖娼，或者进行淫秽表演；

（七）吸食、注射毒品，或者向他人提供毒品；

（八）参与赌博赌资较大；

（九）其他严重危害社会的行为。

第三十九条 未成年人的父母或者其他监护人、学校、居民委员会、村民委员会发现有人教唆、胁迫、引诱未成年人实施严重不良行为的，应当立即向公安机关报告。公安机关接到报告或者发现有上述情形的，应当及时依法查处；对人身安全受到威胁的未成年人，应当立即采取有效保护措施。

第四十条 公安机关接到举报或者发现未成年人有严重不良行为的，应当及时制止，依法调查处理，并可以责令其父母或者其他监护人消除或者减轻违法后果，采取措施严加管教。

第四十一条 对有严重不良行为的未成年人，公安机关可以根据具体情况，采取以下矫治教育措施：

（一）予以训诫；

（二）责令赔礼道歉、赔偿损失；

（三）责令具结悔过；

（四）责令定期报告活动情况；

（五）责令遵守特定的行为规范，不得实施特定行为、接触特定人员或者进入特定场所；

（六）责令接受心理辅导、行为矫治；

（七）责令参加社会服务活动；

（八）责令接受社会观护，由社会组织、有关机构在适当场所对未成年人进行教育、监督和管束；

（九）其他适当的矫治教育措施。

第四十二条 公安机关在对未成年人进行矫治教育

时，可以根据需要邀请学校、居民委员会、村民委员会以及社会工作服务机构等社会组织参与。

未成年人的父母或者其他监护人应当积极配合矫治教育措施的实施，不得妨碍阻挠或者放任不管。

第四十三条 对有严重不良行为的未成年人，未成年人的父母或者其他监护人、所在学校无力管教或者管教无效的，可以向教育行政部门提出申请，经专门教育指导委员会评估同意后，由教育行政部门决定送入专门学校接受专门教育。

第四十四条 未成年人有下列情形之一的，经专门教育指导委员会评估同意，教育行政部门会同公安机关可以决定将其送入专门学校接受专门教育：

（一）实施严重危害社会的行为，情节恶劣或者造成严重后果；

（二）多次实施严重危害社会的行为；

（三）拒不接受或者配合本法第四十一条规定的矫治教育措施；

（四）法律、行政法规规定的其他情形。

第四十五条 未成年人实施刑法规定的行为、因不满法定刑事责任年龄不予刑事处罚的，经专门教育指导委员会评估同意，教育行政部门会同公安机关可以决定对其进行专门矫治教育。

省级人民政府应当结合本地的实际情况，至少确定一所专门学校按照分校区、分班级等方式设置专门场所，对前款规定的未成年人进行专门矫治教育。

前款规定的专门场所实行闭环管理，公安机关、司法行政部门负责未成年人的矫治工作，教育行政部门承担未成年人的教育工作。

第四十六条 专门学校应当在每个学期适时提请专门教育指导委员会对接受专门教育的未成年学生的情况进行评估。对经评估适合转回普通学校就读的，专门教育指导委员会应当向原决定机关提出书面建议，由原决定机关决定是否将未成年学生转回普通学校就读。

原决定机关决定将未成年学生转回普通学校的，其原所在学校不得拒绝接收；因特殊情况，不适宜转回原所在学校的，由教育行政部门安排转学。

第四十七条 专门学校应当对接受专门教育的未成年人分级分类进行教育和矫治，有针对性地开展道德教育、法治教育、心理健康教育，并根据实际情况进行职业教育；对没有完成义务教育的未成年人，应当保证其继续接受义务教育。

专门学校的未成年学生的学籍保留在原学校，符合毕业条件的，原学校应当颁发毕业证书。

第四十八条 专门学校应当与接受专门教育的未成年人的父母或者其他监护人加强联系，定期向其反馈未成年人的矫治和教育情况，为父母或者其他监护人、亲属等看望未成年人提供便利。

第四十九条 未成年人及其父母或者其他监护人对本章规定的行政决定不服的，可以依法提起行政复议或者行政诉讼。

第五章 对重新犯罪的预防

第五十条 公安机关、人民检察院、人民法院办理未成年人刑事案件，应当根据未成年人的生理、心理特点和犯罪的情况，有针对性地进行法治教育。

对涉及刑事案件的未成年人进行教育，其法定代理人以外的成年亲属或者教师、辅导员等参与有利于感化、挽救未成年人的，公安机关、人民检察院、人民法院应当邀请其参加有关活动。

第五十一条 公安机关、人民检察院、人民法院办理未成年人刑事案件，可以自行或者委托有关社会组织、机构对未成年犯罪嫌疑人或者被告人的成长经历、犯罪原因、监护、教育等情况进行社会调查；根据实际需要并经未成年犯罪嫌疑人、被告人及其法定代理人同意，可以对未成年犯罪嫌疑人、被告人进行心理测评。

社会调查和心理测评的报告可以作为办理案件和教育未成年人的参考。

第五十二条 公安机关、人民检察院、人民法院对于无固定住所、无法提供保证人的未成年人适用取保候审的，应当指定合适成年人作为保证人，必要时可以安排取保候审的未成年人接受社会观护。

第五十三条 对被拘留、逮捕以及在未成年犯管教所执行刑罚的未成年人，应当与成年人分别关押、管理和教育。对未成年人的社区矫正，应当与成年人分别进行。

对有上述情形且没有完成义务教育的未成年人，公安机关、人民检察院、人民法院、司法行政部门应当与教育行政部门相互配合，保证其继续接受义务教育。

第五十四条 未成年犯管教所、社区矫正机构应当对未成年犯、未成年社区矫正对象加强法治教育，并根据实际情况对其进行职业教育。

第五十五条 社区矫正机构应当告知未成年社区矫正对象安置帮教的有关规定，并配合安置帮教工作部门落实或者解决未成年社区矫正对象的就学、就业等问题。

第五十六条 对刑满释放的未成年人，未成年犯管教所应当提前通知其父母或者其他监护人按时接回，并协助落实安置帮教措施。没有父母或者其他监护人、无法查明其父母或者其他监护人的，未成年犯管教所应当提前通知未成年人原户籍所在地或者居住地的司法行政部门安排人员按时接回，由民政部门或者居民委员会、村民委员会依法对其进行监护。

第五十七条 未成年人的父母或者其他监护人和学校、居民委员会、村民委员会对接受社区矫正、刑满释放的未成年人,应当采取有效的帮教措施,协助司法机关以及有关部门做好安置帮教工作。

居民委员会、村民委员会可以聘请思想品德优秀,作风正派,热心未成年人工作的离退休人员、志愿者或其他人员协助做好前款规定的安置帮教工作。

第五十八条 刑满释放和接受社区矫正的未成年人,在复学、升学、就业等方面依法享有与其他未成年人同等的权利,任何单位和个人不得歧视。

第五十九条 未成年人的犯罪记录依法被封存的,公安机关、人民检察院、人民法院和司法行政部门不得向任何单位或者个人提供,但司法机关因办案需要或者有关单位根据国家有关规定进行查询的除外。依法进行查询的单位和个人应当对相关记录信息予以保密。

未成年人接受专门矫治教育、专门教育的记录,以及被行政处罚、采取刑事强制措施和不起诉的记录,适用前款规定。

第六十条 人民检察院通过依法行使检察权,对未成年人重新犯罪预防工作等进行监督。

第六章 法律责任

第六十一条 公安机关、人民检察院、人民法院在办理案件过程中发现实施严重不良行为的未成年人的父母或者其他监护人不依法履行监护职责的,应当予以训诫,并可以责令其接受家庭教育指导。

第六十二条 学校及其教职员工违反本法规定，不履行预防未成年人犯罪工作职责，或者虐待、歧视相关未成年人的，由教育行政等部门责令改正，通报批评；情节严重的，对直接负责的主管人员和其他直接责任人员依法给予处分。构成违反治安管理行为的，由公安机关依法予以治安管理处罚。

教职员工教唆、胁迫、引诱未成年人实施不良行为或者严重不良行为，以及品行不良、影响恶劣的，教育行政部门、学校应当依法予以解聘或者辞退。

第六十三条 违反本法规定，在复学、升学、就业等方面歧视相关未成年人的，由所在单位或者教育、人力资源和社会保障等部门责令改正；拒不改正的，对直接负责的主管人员或者其他直接责任人员依法给予处分。

第六十四条 有关社会组织、机构及其工作人员虐待、歧视接受社会观护的未成年人，或者出具虚假社会调查、心理测评报告的，由民政、司法行政等部门对直接负责的主管人员或者其他直接责任人员依法给予处分，构成违反治安管理行为的，由公安机关予以治安管理处罚。

第六十五条 教唆、胁迫、引诱未成年人实施不良行为或者严重不良行为，构成违反治安管理行为的，由公安机关依法予以治安管理处罚。

第六十六条 国家机关及其工作人员在预防未成年

人犯罪工作中滥用职权、玩忽职守、徇私舞弊的，对直接负责的主管人员和其他直接责任人员，依法给予处分。

第六十七条 违反本法规定，构成犯罪的，依法追究刑事责任。

第七章 附 则

第六十八条 本法自 2021 年 6 月 1 日起施行。

中华人民共和国刑事诉讼法(节选)

(1979 年 7 月 1 日第五届全国人民代表大会第二次会议通过　根据 1996 年 3 月 17 日第八届全国人民代表大会第四次会议《关于修改〈中华人民共和国刑事诉讼法〉的决定》第一次修正　根据 2012 年 3 月 14 日第十一届全国人民代表大会第五次会议《关于修改〈中华人民共和国刑事诉讼法〉的决定》第二次修正　根据 2018 年 10 月 26 日第十三届全国人民代表大会常务委员会第六次会议《关于修改〈中华人民共和国刑事诉讼法〉的决定》第三次修正)

第五编　特 别 程 序

第一章　未成年人刑事案件诉讼程序

第二百七十七条　对犯罪的未成年人实行教育、感化、挽救的方针,坚持教育为主、惩罚为辅的原则。

人民法院、人民检察院和公安机关办理未成年人刑事案件,应当保障未成年人行使其诉讼权利,保障未成年人得到法律帮助,并由熟悉未成年人身心特点的审判人员、检察人员、侦查人员承办。

第二百七十八条　未成年犯罪嫌疑人、被告人没有委托辩护人的,人民法院、人民检察院、公安机关应当通知法律援助机构指派律师为其提供辩护。

第二百七十九条 公安机关、人民检察院、人民法院办理未成年人刑事案件,根据情况可以对未成年犯罪嫌疑人、被告人的成长经历、犯罪原因、监护教育等情况进行调查。

第二百八十条 对未成年犯罪嫌疑人、被告人应当严格限制适用逮捕措施。人民检察院审查批准逮捕和人民法院决定逮捕,应当讯问未成年犯罪嫌疑人、被告人,听取辩护律师的意见。

对被拘留、逮捕和执行刑罚的未成年人与成年人应当分别关押、分别管理、分别教育。

第二百八十一条 对于未成年人刑事案件,在讯问和审判的时候,应当通知未成年犯罪嫌疑人、被告人的法定代理人到场。无法通知、法定代理人不能到场或者法定代理人是共犯的,也可以通知未成年犯罪嫌疑人、被告人的其他成年亲属,所在学校、单位、居住地基层组织或者未成年人保护组织的代表到场,并将有关情况记录在案。到场的法定代理人可以代为行使未成年犯罪嫌疑人、被告人的诉讼权利。

到场的法定代理人或者其他人员认为办案人员在讯问、审判中侵犯未成年人合法权益的,可以提出意见。讯问笔录、法庭笔录应当交给到场的法定代理人或者其他人员阅读或者向他宣读。

讯问女性未成年犯罪嫌疑人，应当有女工作人员在场。

审判未成年人刑事案件，未成年被告人最后陈述后，其法定代理人可以进行补充陈述。

询问未成年被害人、证人，适用第一款、第二款、第三款的规定。

第二百八十二条 对于未成年人涉嫌刑法分则第四章、第五章、第六章规定的犯罪，可能判处一年有期徒刑以下刑罚，符合起诉条件，但有悔罪表现的，人民检察院可以作出附条件不起诉的决定。人民检察院在作出附条件不起诉的决定以前，应当听取公安机关、被害人的意见。

对附条件不起诉的决定，公安机关要求复议、提请复核或者被害人申诉的，适用本法第一百七十九条、第一百八十条的规定。

未成年犯罪嫌疑人及其法定代理人对人民检察院决定附条件不起诉有异议的，人民检察院应当作出起诉的决定。

第二百八十三条 在附条件不起诉的考验期内，由人民检察院对被附条件不起诉的未成年犯罪嫌疑人进行监督考察。未成年犯罪嫌疑人的监护人，应当对未成年犯罪嫌疑人加强管教，配合人民检察院做好监督考察工作。

附条件不起诉的考验期为六个月以上一年以下，从人民检察院作出附条件不起诉的决定之日起计算。

被附条件不起诉的未成年犯罪嫌疑人,应当遵守下列规定:

(一)遵守法律法规,服从监督;

(二)按照考察机关的规定报告自己的活动情况;

(三)离开所居住的市、县或者迁居,应当报经考察机关批准;

(四)按照考察机关的要求接受矫治和教育。

第二百八十四条 被附条件不起诉的未成年犯罪嫌疑人,在考验期内有下列情形之一的,人民检察院应当撤销附条件不起诉的决定,提起公诉:

(一)实施新的犯罪或者发现决定附条件不起诉以前还有其他犯罪需要追诉的;

(二)违反治安管理规定或者考察机关有关附条件不起诉的监督管理规定,情节严重的。

被附条件不起诉的未成年犯罪嫌疑人,在考验期内没有上述情形,考验期满的,人民检察院应当作出不起诉的决定。

第二百八十五条 审判的时候被告人不满十八周岁的案件,不公开审理。但是,经未成年被告人及其法定代理人同意,未成年被告人所在学校和未成年人保护组织可以派代表到场。

第二百八十六条 犯罪的时候不满十八周岁,被判处五年有期徒刑以下刑罚的,应当对相关犯罪记录予以封存。

犯罪记录被封存的，不得向任何单位和个人提供，但司法机关为办案需要或者有关单位根据国家规定进行查询的除外。依法进行查询的单位，应当对被封存的犯罪记录的情况予以保密。

第二百八十七条 办理未成年人刑事案件，除本章已有规定的以外，按照本法的其他规定进行。

上海市人民代表大会法制委员会关于《上海市预防未成年人犯罪条例(草案)》审议结果的报告

（2022年2月17日在上海市第十五届人民代表大会常务委员会第三十九次会议上）

上海市人大法制委员会委员　叶　青

主任、各位副主任、秘书长、各位委员：

市十五届人大常委会第三十八次会议对社会建设委员会关于提请审议《上海市预防未成年人犯罪条例(草案)》(以下简称条例草案)的议案进行了审议。常委会组成人员认为,预防未成年人违法犯罪,关系千万家庭幸福安宁和社会和谐稳定,进一步加强预防未成年人违法犯罪工作的法治保障是十分重要的,条例草案的内容基本可行。同时,常委会组成人员对条例草案提出了一些修改意见。

会后,条例草案向社会公开征求意见。常委会法工委还将条例草案印发各区人大常委会、基层立法联系点及有关方面征求意见;召开座谈会,听取了市委政法委、市公安局、市高院、市高检、市教委、市财政局、市审计局、团市委等部门的意见和建议。同时,为了进一步听取未成年人的意见和建议,法制委员会、常委会法工委结合“走进人大”活动,邀请部分未成年人代表开展模拟审议活动,并与莫负春副主任、法制委员会、社会建设委员会、常委会法工委有关负责同志,以及相关部门和单位的代表进行了互动交流。2 月 8 日,法制委员会召开会议,根据常委会组成人员的意见以及其他各方面提出的意见,对条例草案进行了审议。社会建设委员会的负责同志列席了会议。现将主要修改情况和审议结果报告如下:

一、关于购买社会服务机构专业服务

有的委员建议,对政府购买社会服务相关条款的表述予以研究。经会同市财政局等部门共同研究,2021 年本市制定了《上海市政府购买服务管理办法》,对购买服务的管理模式、内容目录等问题作了统一规定。为此,法制委员会建议,结合该规定,将条例草案第十六条第一款修改为:“各级行政机关以及人民检察院、人民法院根据工作需要,使用财政性资金委托专业服务机构参与预防未成年人犯罪工作、提供司法社会服务的,应当符合国家和本市的规定。”同时,对条例草案第十三条、第十四条、第十五条相关内容作了完善。(草案修改稿第十三条至第十六条)

二、关于网络预防

有的委员建议,对网络预防及相关法律责任的表述予以研究。经研究，法制委员会认为，未成年人保护法对禁止制作、发布、传播危害未成年人身心健康的网络信息的行为及法律责任作了明确规范，并设置了“网络保护”专章。为此建议，根据上位法的规定，对条例草案第二十五条“网络预防”予以完善。考虑到条例草案第五十六条已有关于法律责任适用的指引性规定，建议删去条例草案第六十条的法律责任。（草案修改稿第二十五条）

三、关于专门学校入学程序

有的委员建议，对专门学校入学程序的规定予以完善。经会同市教委等部门共同研究，法制委员会认为，预防未成年人犯罪法明确了专门学校的入学程序。鉴于相关部门作出的将符合条件的未成年人送入专门学校的决定为可诉讼可复议的行政行为，作出该决定的程序宜严格按照上位法的规定。为此，建议删去条例草案第四十六条第二款“组织听证”的程序，删去第三款“专门学校入学评估工作可以委托市专门教育研究与评估中心承担”的规定。（草案修改稿第四十六条）

四、关于社会观护及保证人制度

有的委员建议，对社会观护制度的规定予以研究。经研究，法制委员会认为，预防未成年人犯罪法、刑事诉讼法对社会观护制度的适用范围、保证人的条件及义务有明确

的规定。为此，建议对条例草案第五十一条、第五十二条相关内容作精简完善。（草案修改稿第五十一条、第五十二条）

五、关于法律责任

有的委员建议，对条例草案的法律责任条款予以梳理完善。经研究，法制委员会认为，未成年人保护法对条例草案第五十八条“学校违反学生欺凌防范机制的法律责任”已有明确规定，个人信息保护法等法律对条例草案第五十九条“泄露信息的法律责任”亦有明确规定。考虑到条例草案第五十六条已有法律责任适用的指引性规定，建议删去条例草案第五十八条，对第五十九条作调整完善。（草案修改稿第五十八条）

此外，对条例草案的一些文字作了修改，条款顺序也作了相应调整。

法制委员会已按上述意见对条例草案作了修改，提出了草案修改稿。

草案修改稿和以上报告，请予审议。

上海市人民代表大会常务委员会公告

《上海市预防未成年人犯罪条例》已由上海市第十五届人民代表大会常务委员会第三十九次会议于2022年2月18日通过,现予公布,自2022年3月1日起施行。

上海市人民代表大会常务委员会
2022年2月18日

上海市预防未成年人犯罪条例

（《上海市预防未成年人犯罪条例》由上海市第十五届人民代表大会常务委员会第三十九次会议于 2022 年 2 月 18 日通过，自 2022 年 3 月 1 日起施行。）

目　　录

第一章　总　　则

第一条　为了保障未成年人身心健康，培养未成年人良好品行，有效预防未成年人违法犯罪，根据《中华人民共和国预防未成年人犯罪法》以及其他相关法律、行政法规，结合本市实际,制定本条例。

第二条 本市行政区域内未成年人犯罪的预防,适用本条例。

第三条 预防未成年人犯罪,立足于教育和保护未成年人相结合,采用符合未成年人生理、心理特点和行为特征的方式,进行分级预防、早期干预、科学矫治、综合治理。

第四条 市、区人民政府在预防未成年人犯罪方面履行下列职责:

(一)制定预防未成年人犯罪工作规划,将预防未成年人犯罪工作纳入同级国民经济和社会发展规划,相关经费列入同级财政预算;

(二)推进实施预防未成年人犯罪相关法律、法规、规划、计划,制定完善相关政策,组织开展检查、监测评估和考核;

(三)建立健全预防未成年人犯罪工作支持体系;

(四)组织开展预防未成年人犯罪宣传教育;

(五)其他预防未成年人犯罪工作职责。

乡镇人民政府和街道办事处按照本条例规定,建立健全预防未成年人犯罪工作协调制度,定期召开专题会议,掌握基础数据,建立重点个案研究和快速处置机制,保障专门工作和项目经费,整合各方资源,做好本辖区内的预防未成年人犯罪工作。

第五条 公安机关依法办理涉及未成年人违法犯罪

案件，对实施不良行为、严重不良行为以及犯罪的未成年人进行教育、干预和矫治。

司法行政部门负责违法犯罪未成年人的教育管理、矫治和安置帮教工作。

教育部门负责在校未成年人的预防犯罪工作。

民政部门负责统筹、协调未成年人保护工作，会同有关部门支持、培育和引导社会力量参与预防未成年人犯罪工作。

文化旅游、市场监督管理、网信、卫生健康、新闻出版、电影、广播电视等有关部门按照各自职责，共同做好预防未成年人犯罪工作。

第六条 人民检察院履行检察职能，依法办理涉及未成年人的犯罪案件，并对涉及未成年人案件的立案、侦查和审判等诉讼活动以及未成年人重新犯罪预防工作等进行监督。

人民法院履行审判职能，依法审理涉及未成年人的犯罪案件。

第七条 本市完善市、区两级预防未成年人犯罪工作协调机制。依托平安上海工作协调机制，市、区两级共产主义青年团协助同级人民政府及其有关部门、人民检察院、人民法院做好预防未成年人犯罪工作，研究预防未成年人犯罪的重大事项，开展预防未成年人犯罪工作评估，提出工作建议。日常工作由同级青少年服务和权益保护办公室具体承担。

第八条 本市与江苏省、浙江省、安徽省共同建立健全长江三角洲区域预防未成年人犯罪工作联动机制，推动开展预防未成年人犯罪工作交流和合作，加强相关工作经验和信息共享。

第九条 本市对预防未成年人犯罪工作有显著成绩的组织和个人，按照国家和本市有关规定给予表彰和奖励。

第二章 预防支持体系

第十条 本市建立健全标准引领、专业保障、基层联动、社会协同、公众参与的预防未成年人犯罪工作支持体系，提高预防未成年人犯罪工作的专业化、社会化、智能化水平。

第十一条 市青少年服务和权益保护办公室应当建立与城市运行“一网统管”平台相衔接的预防未成年人犯罪信息服务管理系统，对未成年人犯罪相关信息进行识别、分析、预警，提高科学研判、分级分类干预处置的能力和水平，并依托市大数据资源平台实现数据共享和应用。

民政、教育、人力资源社会保障、公安、司法行政等部门，以及人民检察院、人民法院、禁毒委员会办事机构、妇女联合会等应当收集和分析预防未成年人犯罪的相关信息，并及时上传至预防未成年人犯罪信息服务管理系统。

相关部门及其工作人员对本条第一款、第二款工作中知悉的未成年人隐私、个人信息等,应当依法予以保密,不得泄露、篡改、毁损,不得出售或者非法向他人提供。

第十二条 本市鼓励开展预防未成年人犯罪问题的研究,促进研究成果的运用和转化,建立健全相关服务规范和标准。

市青少年服务和权益保护办公室应当每年发布本市预防未成年人犯罪相关情况的报告。

第十三条 本市培育从事预防未成年人犯罪工作的社会工作服务机构、专门评估机构等专业服务机构。有关部门和单位根据工作需要,可以委托相关专业服务机构参与预防未成年人犯罪工作。

本市根据预防未成年人犯罪和未成年人保护工作需要配备青少年事务社会工作者,完善专业服务网络,实施全覆盖服务;完善青少年事务社会工作者薪酬制度,健全招聘、培训、轮岗、考核、表彰、晋升的人才培养体系。

第十四条 社会工作服务机构向未成年人及其父母或者其他监护人提供社会工作专业服务,开展预防犯罪的宣传教育、家庭教育指导、心理辅导和未成年人司法社会服务等工作。专门评估机构对预防未成年人犯罪的工作成效进行第三方评估。

社会工作服务机构、专门评估机构等专业服务机构应当加强专业能力建设,指派青少年事务社会工作者、专业评估人员等开展专业服务，不断提高服务质量。专业服务机构及其工作人员对服务过程中获取的未成年人相关信息，应当予以保密。

第十五条 专业服务机构可以为实施严重不良行为的未成年人、未成年犯罪嫌疑人、未成年被告人、未成年罪犯、未成年被害人提供下列司法社会服务：

（一）附条件不起诉考察帮教、社会调查、合适成年人到场、心理辅导、法庭教育、社会观护、行为矫治、被害人救助等；

（二）拘留所、看守所、未成年犯管教所、戒毒所等场所的教育矫治；

（三）其他必要的未成年人司法社会服务。

第十六条 各级行政机关以及人民检察院、人民法院根据工作需要，使用财政性资金委托专业服务机构参与预防未成年人犯罪工作、提供司法社会服务的，应当符合国家和本市的规定。

专业服务机构应当建立信用承诺制度，接受审计监督、社会监督和舆论监督。

第十七条 乡镇人民政府、街道办事处应当统筹辖区内的社区服务中心、党群服务中心、青少年活动中心、法治教育实践基地、商贸市场、企业事业单位等资源，设置至少一处预防未成年人犯罪服务站点，为专业服务机构等开展预防未成年人犯罪工作提供条件。

第十八条 工会、妇女联合会、关心下一代工作委员会、青年联合会、学生联合会、少年先锋队以及有关社会组织,应当协助各级人民政府及其有关部门、人民检察院、人民法院、共产主义青年团做好预防未成年人犯罪工作,为预防未成年人犯罪培育社会力量,提供支持服务。

鼓励和支持企业事业单位、社会组织、个人等参与预防未成年人犯罪工作。

第十九条 本市发挥12355青少年公共服务热线及其网络平台功能,提供针对心理危机、家庭关系危机、人际交往危机、学生欺凌等容易引发未成年人犯罪问题的专业咨询服务。

12355青少年公共服务热线及其网络平台应当建立分类处置制度、完善工作流程,发现未成年人实施不良行为或者严重不良行为的,可以转介社会工作服务机构进行干预;可能存在犯罪行为或者未成年人遭受不法侵害的,应当立即向公安机关报告。

第三章 预防犯罪的教育

第二十条 未成年人的父母或者其他监护人是预防未成年人犯罪的直接责任人,应当依法履行监护职责,树立优良家风,培养未成年人良好品行,采取下列措施有效预防未成年人犯罪:

(一) 加强对未成年人道德品质、心理健康、生活学习习惯、生命安全、防毒禁毒、自我保护、法律常识等方面的教育，提高未成年人识别、防范和应对性侵害、学生欺凌、网络不良信息和不法侵害等的意识和能力；

（二）发现未成年人心理、行为异常的，应当及时了解情况并进行教育、引导和劝诫，并及时与学校沟通，不得拒绝或者怠于履行监护职责；

（三）配合司法机关、教育部门、学校及相关社会组织开展预防未成年人犯罪工作，主动接受家庭教育指导，学习科学的家庭教育理念和方法，提升监护能力。

第二十一条 学校应当依法履行教育、管理职责，做好下列预防未成年人犯罪工作：

（一）将预防未成年人犯罪纳入学校日常教育管理工作，制定工作计划，开展道德法治、心理健康、网络安全、青春期健康、防毒禁毒、自我保护等教育教学活动，并明确一名学校负责人分管预防未成年人犯罪工作；

（二）完善学生关爱机制，加强与父母或者其他监护人的沟通，建立心理辅导室，配备专职心理健康教育教师，为学生提供心理咨询和辅导，及时预防、发现和解决学生心理、行为异常问题。

第二十二条 中小学校法治副校长协助所在学校做好未成年人保护相关工作，督促所在学校依法开展预防未成年人犯罪工作，发现所在学校隐瞒本校心理、行为异常学生的信息，或者未采取有效的帮助和管理教育措施的，应当及时向学校提出整改意见并督促其改正。法治副校长对实施不良行为、严重不良行为的学生，可以予以训导。鼓励有条件的中小学校聘任校外法治辅导员。

第二十三条 中小学校应当充分发挥法律顾问的职能作用，提高保护未成年人和预防未成年人犯罪工作的专业能力。

教育部门应当安排专门学校教师，协助中小学校开展预防未成年人犯罪工作。

第二十四条 各级人民政府及其有关部门、人民检察院、人民法院、共产主义青年团、少年先锋队、妇女联合会、残疾人联合会、关心下一代工作委员会等应当采用多种形式，运用融媒体手段和平台，开展预防未成年人犯罪宣传教育活动。

本市加强未成年人法治教育实践基地建设，依托青少年活动中心、少年宫、禁毒科普教育场馆等场所开展预防未成年人犯罪宣传教育活动。

广播电台、电视台、报刊、互联网网站及相关移动互联网应用程序等应当刊播公益广告，积极宣传预防未成年人犯罪的法律法规。

第二十五条 禁止在互联网网站、移动互联网应用程序上制作、复制、出版、发布、提供或者传播含有淫秽、色情、暴力、邪教、迷信、赌博、毒品、教唆犯罪、歪曲历史、引诱自杀、恐怖主义、分裂主义、极端主义等影响未成年人健康成长的网络服务和违法信息。

本市健全未成年人网络保护专项协同机制。网信、公安、新闻出版等有关部门应当依据各自职责开展预防未成年人网络犯罪工作,及时发现和查处相关违法犯罪行为。

教育、新闻出版、精神文明建设委员会、共产主义青年团等部门和单位,应当定期开展未成年人文明用网及防止网络沉迷的宣传教育。

第二十六条 居民委员会、村民委员会应当积极开展预防未成年人犯罪宣传教育活动,协助公安机关维护学校周围治安,及时掌握本辖区内未成年人的监护、就学、就业情况,组织、引导社会组织参与预防未成年人犯罪工作。

第二十七条 本市支持未成年人依托学校共青团、少年先锋队、学生联合会、社团等学生组织开展同伴教育,平等交流、互帮互助,学习法律知识,了解未成年人犯罪风险因素,增强预防犯罪的意识和能力,加强自我教育、自我管理、自我服务,实现健康成长。

学校应当为学生开展预防犯罪的同伴教育提供支持、创造条件。

第二十八条 本市将预防未成年人犯罪工作纳入平安上海建设,营造全社会共同预防未成年人犯罪的社会环境,抵制吸毒贩毒、网络赌博、传播淫秽物品等容易引发未成年人犯罪的行为。

鼓励单位和个人关心关爱遭受家庭暴力、监护缺失、重大家庭变故等因素影响的未成年人，以及义务教育结束后未能继续就学或者就业的未成年人。

第二十九条 人民检察院对在工作中发现或者其他部门移送的涉及未成年人不良行为、严重不良行为和违法犯罪行为的线索，应当依法办理，并督促未成年人的父母或者其他监护人、学校、居民委员会、村民委员会、相关部门对未成年人进行帮助和教育；必要时，应当对未成年人的父母或者其他监护人进行教育，督促其依法履行监护职责。

第四章 对不良行为的干预

第三十条 未成年人不良行为，是指未成年人实施的不利于其健康成长的下列行为：

（一）吸烟、饮酒；

（二）多次旷课、逃学；

（三）无故夜不归宿、离家出走；

（四）沉迷网络；

（五）与社会上具有不良习性的人交往，组织或者参加实施不良行为的团伙；

（六）进入法律法规规定未成年人不宜进入的场所；

（七）参与赌博、变相赌博，或者参加封建迷信、邪教等活动；

（八）阅览、观看或者收听宣扬淫秽、色情、暴力、恐怖、极端等内容的读物、音像制品或者网络信息等；

（九）其他不利于未成年人身心健康成长的不良行为。

第三十一条 未成年人的父母或者其他监护人发现未成年人实施不良行为的，应当及时制止并加强管教。

未成年人的父母或者其他监护人应当预防和制止未成年人组织或者参加实施不良行为的团伙；发现该团伙有违法犯罪嫌疑的，应当立即向公安机关报告。

未成年人的父母或者其他监护人应当预防和制止未成年人进入营业性歌舞娱乐场所、互联网上网服务营业场所、酒吧、棋牌室等不适宜未成年人进入的场所。

未成年人的父母或者其他监护人在干预未成年人不良行为时遇到困难的，可以向学校、居民委员会、村民委员会或者有关社会组织等寻求帮助；相关机构或者组织应当及时提供帮助。

第三十二条 学校对实施不良行为的未成年学生，应当加强管理教育，不得歧视；对拒不改正或者情节严重的，可以根据情况予以处分或者采取以下管理教育措施：

（一）予以训导；

（二）要求遵守特定的行为规范；

（三）要求参加特定的专题教育；

（四）要求参加校内服务活动；

（五）要求接受青少年事务社会工作者或者其他专业

人员的心理辅导和行为干预；

（六）其他适当的管理教育措施。

第三十三条 学校决定对未成年学生采取管理教育措施的，应当及时告知其父母或者其他监护人；未成年学生的父母或者其他监护人应当予以支持、配合。

未成年学生旷课、逃学的，学校应当及时告知其父母或者其他监护人，必要时进行家访，对其父母或者其他监护人提供指导和帮助。

第三十四条 本市探索青少年事务社会工作者驻校或者联系学校工作机制，依托青少年事务社会工作站点及青少年事务社会工作者协助中小学校开展道德法治教育、生命教育、心理健康教育、毒品预防教育、行为矫治等活动。

第三十五条 公安机关对实施不良行为的未成年人，应当及时制止、对其进行法治教育，并督促其父母或者其他监护人依法履行监护职责。

第三十六条 未成年人无故夜不归宿、离家出走的，父母或者其他监护人、所在的寄宿制学校应当及时查找，必要时向公安机关报告。

任何单位或者个人发现未成年人无故夜不归宿、离家出走、流落街头、出入未成年人不适宜进入的场所，以及旷课、逃学在校外闲逛等情形，应当及时联系其父母或者其他监护人、所在学校；无法取得联系的或者必要时，应当及时向公安机关报告。

对未成年人夜不归宿、离家出走、流落街头、出入未成年人不适宜进入的场所等情形，公安机关、公共场所管理机构等部门和单位发现或者接到报告后，应当及时采取有效保护措施，并通知其父母或者其他监护人、所在学校，必要时应当护送其返回住所或者寄宿的学校；无法与其父母或者其他监护人、学校取得联系的，应当护送未成年人到救助保护机构接受救助。乡镇人民政府、街道办事处、所在学校、住所地社会工作服务机构等应当进行针对性的教育帮扶。

第三十七条　居民委员会、村民委员会发现本辖区内未成年人存在监护缺失、监护不当，或者可能实施不良行为、严重不良行为等情形的，应当及时采取上门家访等方式督促未成年人的父母或者其他监护人依法履行监护职责，并组织社会工作服务机构、社区社会组织、社区志愿者等社会力量开展干预，提供风险评估、心理咨询等服务。

第五章　对严重不良行为的矫治

第三十八条　未成年人严重不良行为，是指未成年人实施的有刑法规定、因不满法定刑事责任年龄不予刑事处罚的行为，以及严重危害社会的下列行为：

（一）结伙斗殴，追逐、拦截他人，强拿硬要或者任意损毁、占用公私财物等寻衅滋事行为；

（二）非法携带枪支、弹药或者弩、匕首等国家规定的管制器具；

（三）殴打、辱骂、恐吓，或者故意伤害他人身体；

（四）盗窃、哄抢、抢夺或者故意损毁公私财物；

（五）传播淫秽的读物、音像制品或者信息等；

（六）卖淫、嫖娼，或者进行淫秽表演；

（七）吸食、注射毒品，或者向他人提供毒品；

（八）参与赌博赌资较大；

（九）其他严重危害社会的行为。

第三十九条 任何组织或者个人不得教唆、胁迫、引诱未成年人实施严重不良行为，以及为未成年人实施严重不良行为提供条件。

未成年人的父母或者其他监护人、学校、居民委员会、村民委员会等发现有人教唆、胁迫、引诱未成年人实施严重不良行为的，应当及时向公安机关报告。公安机关接到报告或者发现上述情形的，应当及时依法查处；对人身安全受到威胁的未成年人，应当立即采取有效保护措施。

第四十条 未成年学生实施严重不良行为，学校可以依照本条例第三十二条的规定采取相应的管理教育措施，并可以由学校或者未成年学生住所地的青少年事务社会工作站点提供专业服务。

第四十一条 学校应当成立学生欺凌治理委员会，完善学生欺凌发现和处置的工作流程，严格排查并及时消除可能导致学生欺凌行为的各种隐患,接受学生欺凌事件的举报与申诉,及时开展调查与认定。

学校对实施欺凌行为的学生,应当根据不同情形采取相应的管理教育措施;可能构成犯罪的,应当及时向公安机关报告。

学校应当及时将学生欺凌事件的处理进展和处置措施通知学生本人及其父母或者其他监护人;涉及学生隐私的,应当对相关信息予以保密。

第四十二条 公安机关发现未成年人实施严重不良行为的,应当及时制止,依法调查处理,并根据具体情况采取以下矫治教育措施:

(一) 予以训诫;

(二) 责令赔礼道歉、赔偿损失;

(三) 责令具结悔过;

(四) 责令定期报告活动情况;

(五) 责令遵守特定的行为规范,不得实施特定行为、接触特定人员或者进入特定场所;

(六) 责令接受心理辅导、行为矫治;

(七) 责令参加社会服务活动;

(八) 责令接受社会观护,由社会组织、有关机构在适当场所对未成年人进行教育、监督和管束;

(九) 其他适当的矫治教育措施。

市公安机关应当加强对各区公安机关实施上述矫治

教育措施的监督指导。

未成年人的父母或者其他监护人应当积极配合矫治教育工作，采取措施消除或者减轻违法后果，对未成年人严加管教。

第四十三条 市、区公安机关应当确定专门机构，指导、监督和管理未成年人保护及预防未成年人犯罪工作。

公安派出所应当安排熟悉未成年人身心特点的专门人员负责预防未成年人犯罪及相关案件的办理工作。

第四十四条 市、区人民政府应当根据国家和本市有关规定设置专门学校，完善专门学校的经费、人员、教育场所和设施等方面的保障制度。

市、区教育部门应当加强专门学校师资队伍建设，在教职工职称评定和工资待遇等方面给予政策倾斜，并为专门学校配备驻校或者联系学校的青少年事务社会工作者。

专门学校由教育部门负责管理，公安机关、司法行政部门予以协助。

第四十五条 市、区人民政府成立专门教育指导委员会，负责专门教育发展规划，开展专门学校入校和离校评估，研究确定专门学校教育管理等相关工作。专门教育指导委员会办公室设在同级教育部门。

第四十六条 对有严重不良行为的未成年人，未成年人的父母或者其他监护人、所在学校无力管教或者管教无效的，可以向教育部门提出申请，经专门教育指导委员会评估同意后，由教育部门决定送入专门学校接受专门教育。

未成年人有下列情形之一的，经专门教育指导委员会评估同意，教育部门会同公安机关可以决定将其送入专门学校接受专门教育：

（一）实施严重危害社会的行为，情节恶劣或者造成严重后果；

（二）多次实施严重危害社会的行为；

（三）拒不接受或者配合本条例第四十二条规定的矫治教育措施；

（四）法律、行政法规规定的其他情形。

第四十七条 专门学校应当加强专门教育的课程建设，完善教研制度，保证教育教学质量，并根据未成年学生的情况开展相应的职业教育，培养学生的职业技能。专门学校的职业教育纳入本市职业教育规划。

第四十八条 市人民政府应当确定至少一所专门学校接收实施刑法规定的行为、因不满法定刑事责任年龄不予刑事处罚的未成年人，按照分校区、分班级等方式设置专门场所，实行闭环管理，进行专门矫治教育。

前款规定的专门学校由公安机关、司法行政部门负责未成年人的矫治工作，教育部门负责未成年人的教育工作。

第四十九条 专门学校应当依法保障未成年学生及

其父母或者其他监护人的合法权利。

专门学校未成年学生学籍保留在原所在学校，根据未成年学生及其父母或者其他监护人的意愿，也可以转入专门学校或者矫治教育后就读的其他学校；符合毕业条件的，学籍所在学校应当颁发毕业证书。

专门学校应当在每个学期适时提请专门教育指导委员会对接受专门教育的未成年学生的情况进行评估。对经评估适合转回普通学校就读的，专门教育指导委员会应当向原决定机关提出书面建议，由原决定机关决定是否将未成年学生转回普通学校就读。原决定机关决定将未成年学生转回普通学校的，其原所在学校不得拒绝接收；因特殊情况不适宜转回原所在学校的，由教育部门安排转学。

第六章　对重新犯罪的预防

第五十条　公安机关、人民检察院、人民法院、司法行政部门应当采用适合未成年人身心特点的特殊办案制度和措施，严格执行合适成年人参与刑事诉讼、社会调查、违法犯罪记录依法封存等制度。

人民检察院、人民法院应当确定专门机构或者指定专门人员，负责办理涉及未成年人的案件。

第五十一条　公安机关、人民检察院、人民法院依法开展未成年人社会观护工作，并可以依托符合观护条件的企业事业单位、社会组织等建立社会观护基地。

第五十二条 公安机关、人民检察院、人民法院对无固定住所、无法提供保证人的未成年人适用取保候审,并依法指定青少年事务社会工作者、观护基地帮教人员、教师或者其他合适成年人担任保证人的,保证人应当履行保证人义务,并配合开展相关矫治教育工作。

第五十三条 人民法院应当加强少年法庭建设,贯彻宽严相济的刑事政策,采用圆桌审判、法庭教育等符合未成年人身心特点的方式审理案件,切实保护未成年人的诉讼权利和合法权益。

鼓励和支持人民法院开展社会调查、心理辅导、判后回访等司法延伸服务,有效预防未成年人重新犯罪。

第五十四条 对被拘留、逮捕以及在未成年犯管教所执行刑罚的未成年人,应当和成年人分别关押、管理和教育,对未成年人的社区矫正和戒毒,应当和成年人分别进行。

对被拘留、逮捕以及在未成年犯管教所执行刑罚或者接受社区矫正和戒毒,且没有完成义务教育的未成年人,公安机关、人民检察院、人民法院、司法行政部门应当和教育部门相互配合,保证其继续接受义务教育。

未成年犯管教所、社区矫正机构应当针对未成年犯、未成年社区矫正对象的案情、刑期、心理特点和改造表现,制定个别化矫治方案,对其加强法治教育、心理健康教育、文化教育和相应的职业教育。

第五十五条 司法行政部门应当依法履行对未成年人的安置帮教工作职责。未成年人的父母或者其他监护人和学校、居民委员会、村民委员会对接受社区矫正、刑释解矫的未成年人,应当采取有效的帮教措施,协助司法行政部门做好安置帮教工作。

刑释解矫和接受社区矫正的未成年人在复学、升学、就业等方面依法享有和其他未成年人同等的权利,任何单位和个人不得歧视。司法行政及教育、民政、卫生健康、人力资源社会保障等部门应当协同配合,落实或者解决刑释解矫和接受社区矫正的未成年人的就学、就业问题。

第七章 法 律 责 任

第五十六条 违反本条例规定,法律、行政法规有处理规定的,从其规定。

第五十七条 实施严重不良行为的未成年人的父母或者其他监护人不依法履行监护职责的,公安机关、人民检察院、人民法院应当予以训诫,并可以通过告诫书、督促监护令、家庭教育指导令等形式责令其接受家庭教育指导,督促其履行监护职责。

第五十八条 专业服务机构及其工作人员违反本条例规定,由相关部门依法处理。业务主管部门协助相关部门查处违法行为,并配合做好督促整改工作。

第五十九条 国家机关及其工作人员在预防未成年人犯罪工作中不依法履行职责，由其所在单位或者上级主管部门责令改正；玩忽职守、滥用职权、徇私舞弊的，对直接负责的主管人员和其他直接责任人员，依法给予处分。构成犯罪的，依法追究刑事责任。

第八章 附 则

第六十条 本条例自2022年3月1日起施行。

关于《上海市预防未成年人犯罪条例(草案)》的说明

(2021年12月28日在上海市第十五届人大常委会第三十八次会议上)

上海市人大社会建设委员会主任委员　阎祖强

主任、各位副主任、秘书长、各位委员:

我受市人大社会建设委员会的委托,就《上海市预防未成年人犯罪条例(草案)》(以下简称《条例(草案)》),作如下说明。

一、立法的必要性

未成年人是祖国的未来、民族的希望。预防未成年人违法犯罪,关系千万家庭幸福安宁和社会和谐稳定,是平安上海建设的重要工作之一。经过各方长期不懈努力,本市未成年人犯罪率持续下降。与此同时,随着经济社会发展,本市预防未成年人犯罪工作还面临着一些新情况新问题,需要加强法治保障。

制定《预防未成年人犯罪条例》,一是深入贯彻落实中央和市委关于预防未成年人犯罪相关决策部署的需要,也是践行"人民城市人民建,人民城市为人民"重要理念、提升城市软实力的需要。二是落实上位法的需要。全国人大常委会于 2020 年对《预防未成年人犯罪法》作出全面修订，内容由 57 条增加至 68 条，本市需要根据实际细化上位法的相关规定。三是固化做法经验的需要。本市预防未成年人犯罪工作一直走在全国前列，创造了全国第一个“少年法庭”、第一个“少年起诉组”、第一个独立的少年警务机构“少年科”、第一个未成年人司法社会服务地方标准等多个第一，也形成了预防未成年人犯罪的支持保障体系，有必要将这些探索实践和制度创新及时上升为法规。四是推动解决预防未成年人犯罪突出问题的需要。近年来，本市涉及未成年人的网络诈骗和盗窃等违法犯罪案件有上升势头，需要通过地方立法进一步完善相关制度规定。

二、起草过程

此项立法系市人大常委会 2021 年度立法计划预备项目。常委会高度重视，常委会党组及时作出“预转正”决定，蒋卓庆主任、陈靖副主任多次召开专题会，对立法工作提出明确要求，同时带队赴浦东新区进行实地调研。

在常委会领导带领下，市人大社会委会同团市委以及市公安局、市检察院、市高院、市司法局、市民政局、市教委等相关单位组成立法起草组，同时邀请专家学者、专业服务机构负责人全面参与，广泛深入开展立法调研。立法起草组认真践行全过程人民民主重大理念，今年以来先后赴市委政法委、市公安局、市检察院、市高院、市司法局等部门和浦东、静安等9个区，以及部分互联网游戏企业、中小学校、专门学校、基层立法联系点等单位，共开展了30余场调研活动。通过召开座谈会、研讨会、专家论证会等形式，充分听取未成年人和家长、人大代表、政府及相关部门负责人、专家学者、一线工作者等方面的意见和建议，并对1 800名未成年人及600名家长开展问卷调查，认真了解立法需求。经过反复征求意见和讨论修改，立法起草组形成了《条例(草案)》。

三、《条例(草案)》的主要内容

《条例(草案)》共8章60条，在与上位法体例保持基本一致的基础上，增设"预防支持体系"一章，体现了本市预防未成年人犯罪工作的经验和特色。主要内容包括：

(一) 压实主体责任，完善工作机制

本次立法立足于教育和保护未成年人相结合，坚持预防为主，构建预防未成年人犯罪的责任体系。

一是明确各方职责。确定市、区政府职责分工及对街镇的具体要求，同时明确政府有关部门和"两院"的职责，解决分工不明、责任不清等问题。

二是明确分工合作的协调机制。建立完善市、区两级预防犯罪工作协调机制，确定其主要职能，并明确日常工

作由同级青少年服务和权益保护办公室承担。制定购买预防未成年人犯罪工作相关服务标准和目录，各有关部门和单位根据工作需要，可以通过购买服务的方式，将预防未成年人犯罪相关工作委托社会工作服务机构、专门评估机构等专业服务机构承担，并明确了相关监督要求。

三是拓展长三角区域合作。明确本市建立健全长三角区域预防未成年人犯罪工作联动机制，推动开展长三角区域预防未成年人犯罪工作的交流和合作。

（二）提供专业服务，强化社会参与

本次立法明确建立完善预防支持体系，既固化本市在预防未成年人犯罪工作领域的实践经验，也体现立法特色。

一是构建预防未成年人犯罪工作支持体系。强调建立标准引领、专业保障、基层联动、社会协同、公众参与的预防未成年犯罪工作支持体系，着力提升本市预防未成年人犯罪工作的专业化、社会化、智能化水平。

二是强化预防未成年人犯罪相关专业服务。加强相关研究和标准建设，为相关专业服务机构参与预防未成年人犯罪工作提供法治保障，支持青少年事务社工队伍建设，并明确相关专业服务的内容及要求。

三是建立基层预防网络。规定乡镇人民政府和街道办事处应当设置预防未成年人犯罪工作的服务站点，为专业服务机构开展预防未成年人犯罪工作提供条件。

四是发挥社会协同和公众参与作用。体现创新社会治理的理念，明确相关群团组织、社会组织应当协助做好预防未成年人犯罪工作，为预防未成年人犯罪培育社会力量，提供支持服务。发挥12355青少年公共服务热线及其网络平台功能，明确分类处置及相关工作流程要求。同时，完善单位和个人的发现报告制度，发挥企事业单位、社会组织等在社会观护方面的作用。

（三）坚持预防为主，构建预防犯罪的教育体系

本次立法明确了各有关方面对预防未成年人犯罪的教育责任。

一是细化监护人的教育责任。强调监护人是预防未成年人犯罪的直接责任人，应当依法履行监护职责，有效预防未成年人犯罪。

二是细化学校的教育责任。明确学校应当将预防未成年人犯罪纳入学校日常教育管理工作，完善学生关爱机制，并对学校建立心理辅导室等提出明确要求。同时，还规定了中小学校法治副校长在预防未成年人犯罪方面的职责，提出了中小学校配备法律顾问等要求。

三是筑牢网络预防的屏障。规定有关单位应当依据各自职责开展预防未成年人网络犯罪工作，禁止互联网网站、相关移动互联网应用程序提供或传播影响未成年人健康成长的网络服务和违法信息。

四是营造良好社会环境。明确将预防未成年人犯罪工作纳入平安上海建设，鼓励单位和个人关心关爱处于困境中的未成年人，同时发挥检察机关的督促教育作用。

（四）织密预防网络，构建分级干预体系

本次立法健全预防未成年人犯罪的干预体系，明确对不良行为的干预、对严重不良行为的矫治规定，完善对重新犯罪的预防机制，做到预防端口前移，拓宽预防工作领域。

一是完善早期干预机制。建立预防未成年人犯罪的信息监测预警系统，要求相关单位汇总和分析未成年人犯罪相关信息，强化早期预防干预。分别规定了监护人、学校、社区等方面对未成年人不良行为的干预责任，完善处置制度。探索建立青少年事务社工驻校联校机制。

二是完善预防未成年人犯罪相关司法工作机制。提出市、区公安机关应当确定专门机构，公安派出所应当由熟悉未成年人身心特点的专门人员负责未成年人犯罪及相关案件的办理工作。同时，规定检察院、法院应当完善专门工作机制，确定专门机构或者指定专门人员，负责办理涉及未成年人的案件。

三是突出专门学校在严重不良行为矫治中的作用。总结本市实践经验，明确专门学校入学程序，完善专门学校经费、人员等方面的保障制度，健全义务教育与职业教育相衔接的机制，提出了保证教育质量的要求，以及对专门学校学生的权益保障措施。

四是多措并举开展未成年人重新犯罪的预防。明确司法机关应当采用适合未成年人身心特点的特殊办案制度和办案举措,通过社会观护、合适保证人、分类矫治、安置帮教等途径做好重新犯罪的预防。

《条例(草案)》及以上说明,请予审议。

共青团中央、中央综治委预防青少年违法犯罪专项组、中央综治办、民政部、财政部、人力资源社会保障部关于加强青少年事务社会工作专业人才队伍建设的意见

为深入贯彻党的十八大、十八届三中全会精神，全面落实《关于加强社会工作专业人才队伍建设的意见》(中组发〔2011〕25 号)和《社会工作专业人才队伍建设中长期规划(2011—2020 年)》(中组发〔2012〕7 号)的要求，努力造就一支高素质的青少年事务社会工作专业人才队伍，服务青少年健康成长，发展青少年社会事业，为构建社会主义和谐社会提供有力的人才支撑，现就加强青少年事务社会工作专业人才队伍建设提出如下意见。

一、加强青少年事务社会工作专业人才队伍建设的意义

随着我国经济社会快速发展，当代青少年在学习工作生活条件总体改善的同时，在成长成才、身心健康、就业创业、社会融入、婚恋交友等方面也面临着新的困难和问题。特别是我国每年有 600 万左右的高校毕业生，有大量城乡贫困家庭青少年、残疾青少年、在城市和乡间流动的农村

青年,有几千万的农村留守儿童,他们面对着很多难题,迫切需要帮助。解决青少年成长发展的困难和问题,必须大力加强青少年事务社会工作专业人才队伍建设,建立健全青少年事务社会工作服务体系和网络,广泛在青少年工作中引入专业社会工作,有效满足青少年的个性化社会服务需求。

2007 年,团中央联合中央综治办、民政部、人事部、中央综治委预防青少年违法犯罪工作领导小组下发了《关于开展青少年事务社会工作者试点工作的意见》(中青联发〔2007〕41 号),确定了 13 个城市(城区)作为全国首批青少年事务社会工作者试点城市(城区)。各试点城市(城区)紧密结合自身实际,围绕成立机构、投入经费、购买服务、建设队伍、构建机制等环节开展了大量实践探索,青少年事务社会工作专业人才队伍在组织青少年、引导青少年、服务青少年和维护青少年合法权益方面的作用日益凸显。但从全国层面看,青少年事务社会工作专业人才队伍建设还存在政策制度不健全、岗位职责不明确、人才数量不充足、人才队伍不稳定、专业化水平不强、职业化程度不高等问题,与青少年社会服务需求不相适应,一定程度上制约了青少年社会事业的发展。

各地要从促进青少年健康成长、深化平安中国建设的高度,深刻认识加强青少年事务社会工作专业人才队伍建设的重要性和紧迫性,在创新社会治理的整体格局中,进一步加强调查研究，采取有力措施，切实加强青少年事务社会工作专业人才队伍建设。

二、加强青少年事务社会工作专业人才队伍建设的指导思想、工作原则和主要目标

1. 指导思想。以邓小平理论、“三个代表”重要思想和科学发展观为指导，建设一支数量足、结构优、能力强、素质高的青少年事务社会工作专业人才队伍，发挥社会工作专业优势，积极开展青少年事务领域服务工作，有效满足青少年发展需要、有效维护青少年合法权益、有效解决青少年问题，最大限度增加和谐因素，增强社会发展活力，提高社会治理水平，团结和带领广大青少年为实现中华民族伟大复兴的中国梦而努力奋斗。

2. 工作原则。坚持党委领导、政府负责，相关部门本着青少年利益优先的原则，切实履行依法规范、政策引导、资金投入等方面的职责，确保青少年事务社会工作专业人才队伍建设的正确政治方向；坚持社会参与、多方协作，鼓励相关社会组织、企事业单位和社会公众支持青少年事务社会工作专业人才队伍建设，合理配置人才，促进人岗相适、人尽其才；坚持突出重点、立足基层，加强基层社会治理领域与青少年事务相关的专业服务平台建设，引导青少年事务社会工作服务资源向基层倾斜，推动青少年事务社会工作专业人才向基层合理流动。

3. 主要目标。梳理青少年事务领域的社会服务工作，以政府购买服务等方式交由社会力量承担，逐步实现政府从对社会事务的直接管理向间接管理转变。承揽和办理好青少年事务，服务青少年成长发展，维护青少年合法权益，做好青少年特别是重点青少年群体的服务管理和预防犯罪工作。探索完善青少年事务社会工作专业人才队伍建设机制、管理机制、运行机制、政策措施，总结提炼符合我国国情和发展需要的青少年事务社会工作专业人才队伍建设经验和模式。到2020年，全国重点扶持发展10家培养青少年事务社会工作专业人才的高等教育机构，建立30家具有青少年事务社会工作继续教育资质的培训机构，建立50家青少年事务社会工作重点实训基地，建立100家青少年事务社会工作服务标准化示范单位，初步建立20万人的青少年事务社会工作专业人才队伍，并形成运行管理机制和配套政策制度框架。

三、青少年事务社会工作专业人才的主要服务领域

1. 服务青少年成长发展领域。思想引导：为青少年提供思想道德教育辅导，引导青少年积极践行社会主义核心价值体系，形成正确的世界观、人生观、价值观。习惯养成：为青少年提供正确的行为指导和良好的习惯训练，帮助青少年形成正确的生活、学习和行为习惯。职业指导：

帮助青年培养正确的就业意识，提供就业信息服务，组织开展就业技能培训。婚恋服务：引导青年树立正确的婚恋观，帮助解决思想上、情绪上的困扰，为有需要的青年组织开展婚恋交友活动。社交指导：培养青少年良好的交往动机和交往品质，提高青少年的合作意识和能力、沟通交往技巧和能力，对社会交往有障碍的青少年进行社会关系调适，帮助其融入社会。

2. 维护青少年合法权益领域。困难帮扶：对贫困家庭青少年、残疾青少年，帮助他们获得政府救济和保障以及社会资助和帮扶，同时培养自强自助的生活态度。权益保护：为青少年提供个案维权服务，耐心解答青少年的求助咨询，及时跟进并协调解决家庭虐待、人身伤害、吸食毒品、沉迷网络等侵害未成年人合法权益的案(事)件。法律服务：为青少年提供法制宣传教育和法律咨询服务，帮助青少年增强学法尊法守法用法意识，提高自我保护意识和能力，必要时帮助联系法律援助部门给予援助。心理疏导：缓解或消除青少年的心理问题，帮助青少年提高情绪自我管控能力，促进健康人格的形成，特别关注农村留守儿童、服刑人员未成年子女、流浪乞讨未成年人等特殊群体的心理关爱问题。

3. 预防青少年违法犯罪领域。正面联系：通过个案、小组和社区工作等社会工作方法，加强对闲散青少年的接触联系，提供有针对性的引导和帮扶；加强对流动青少年群体的服务管理，进驻大型商企、市场、城中村等流动人员高度密集区域开展工作。临界预防：关注普通青少年向有不良行为青少年转化的边界，重视偷拿财物、逃学、抽烟喝酒、夜不归宿等早期典型行为，及时采取有针对性预防工作；防止青少年与家庭和学校关系紧张、联系断裂，避免青少年受外界不良行为影响产生不正常的社会化倾向。行为矫治：对有不良行为或有严重不良行为青少年，通过进驻社区、学校、戒毒所、拘留所、看守所等工作项目，加强制度规则意识教育和法制底线教育，纠正和改变不良行为习惯。社会观护：协助公安、法院、检察院等单位开展取保候审观护帮教、附条件不起诉监督考察、合适成年人参与未成年人刑事诉讼、社会调查等工作，帮助掌握未成年犯罪嫌疑人的基本情况，减少涉罪未成年人再犯罪。

四、加强青少年事务社会工作专业人才队伍建设的主要任务

1. 研究制定青少年事务社会工作专业岗位设置标准。各地要按照科学合理、精简效能、按需设置、循序渐进的原则，研究青少年事务社会工作专业岗位设置。重点在各级团组织特别是基层团组织以及 12355 青少年服务台、青少年宫、青年志愿者协会、少年司法机构、青少年维权岗、维权类组织、青年中心、社区青年汇、青年家园等青少年服务组织和机构开发设置社会工作岗位，纳入专业技术岗位管

理范围。综合衡量不同社会工作岗位要求、服务对象、工作难易程度等因素,研究设定相应岗位等级、岗位数量以及与之相适应的青少年事务社会工作专业人才配置比例。建立健全青少年事务社会工作岗位岗前培训制度。

2. 发展青少年事务社会工作服务机构。各地要根据国家有关政策,积极培育、扶持青少年事务社会工作服务机构发展,为政府和社会购买社会工作服务提供承接平台,为社会工作专业人才提供就业渠道和专业提升的载体。通过改进登记服务方式等措施,鼓励社会工作专业人才创办民办青少年事务社会工作服务机构。通过落实税收优惠政策、拓展政府购买服务项目等方式,鼓励民办社会工作服务机构介入青少年事务领域工作。要加强对青少年事务社会工作服务机构的指导,帮助其提升专业化服务、规范化管理和社会化运作水平。

3. 构建青少年事务社会工作专业人才培养体系。要研究制定青少年事务社会工作专业人才教育培养规划,加快培养社会工作专业人才。推动大专院校设置青少年事务社会工作专业课程,完善相关理论研究、学科体系、教学规范,依托大专院校就业服务指导机构做好社会工作专业学生的就业服务工作。建立在职培训机制,通过进修、实习、短训、函授等方式,有计划、分层次地对实际从事青少年事务社会工作的在职人员进行培训。落实继续教育政策,定期对取得职业资格的青少年事务社会工作者开展政策法规、职业伦理、专业理论和实务技能等方面培训。依托国家专业技术人员继续教育基地、社会工作专业人才培训基地、大专院校特别是各级团校推动建立一批具有青少年事务社会工作继续教育资质的培训机构,逐步形成高等教育、继续教育互为补充、相互促进的青少年事务社会工作综合教育培训网络。鼓励支持现有青少年工作从业人员参加全国社会工作者职业水平考试。

4. 建立青少年事务社会工作专业人才考核评估制度。各地要研究制定青少年事务社会工作岗位职责规范和考核评估标准。以所属单位为主体,以岗位职责为依据,以思想品德、能力业绩、职业操守为核心,定期对青少年事务社会工作专业人才履行职责、学习进修、职业发展等情况进行动态考核评估,激励其爱岗敬业、开拓进取。通过职业水平考试和岗位考核评价,逐步健全青少年社会工作专业人才考核评估体系。

5. 建立青少年事务社会工作专业人才薪酬保障机制。事业单位聘用的青少年事务社会工作专业人才,根据所聘岗位,执行相应的工资待遇;在基层群众自治组织、社会组织工作的青少年事务社会工作专业人才,其薪酬以学历、资历、资格、业绩、岗位等多种指标为依据,按照以岗定薪、以绩定奖、按劳取酬的原则,由用人单位合理确定。用人单位应按照国家有关规定,为青少年事务社会工作专业人员按时足额交纳相应的社会保险费用。

6. 建立青少年事务社会工作专业人才与志愿者队伍联动服务体系。各地要建立健全青少年事务社会工作专业人才和青年志愿者相互协作、共同开展服务的机制，充分发挥青少年事务社会工作专业人才在组建团队、规范服务、拓展项目、培训策划等方面的专业优势，引导青年志愿者组织设置一定数量的社会工作岗位，将青年志愿者、少先队志愿辅导员等的培训纳入社会工作教育培训规划。广泛普及志愿服务理念，倡导广大青年参加志愿服务，鼓励符合条件的青年志愿者通过学习、培训、考证等方式进入社会工作岗位。

7. 建立青少年事务社会工作专业人才合理流动机制。各地、各相关部门在制定专业技术人员招聘和遴选计划中，要注意选拔基层青少年事务社会工作专业人才和社会工作、少年儿童组织与思想意识教育专业毕业生，在同等条件下可优先录(聘)用具有丰富基层实践经验、善于做群众工作的青少年事务社会工作专业人才。社会工作专业人才服务边远贫困地区、边疆民族地区和革命老区计划要重点向农村青少年事务社会工作服务倾斜。

五、加强青少年事务社会工作专业人才队伍建设的工作要求

1. 形成工作合力。各地要将青少年事务社会工作专业人才队伍建设纳入本地区经济社会发展规划和社会工

作专业人才队伍建设规划，为青少年事务社会工作提供更有力的政策和机制保障。按照组织部门牵头抓总、民政部门具体负责、有关部门密切配合、社会力量广泛参与的社会工作专业人才队伍建设工作格局的总体要求，合力推进青少年事务社会工作专业人才队伍建设。组织部门要做好青少年事务社会工作专业人才队伍建设的宏观指导、综合协调。共青团组织要统筹规划青少年事务社会工作服务范围和规模，科学设置工作岗位，合理编制录(聘)用计划，强化日常管理和激励机制建设，努力推动形成社会力量广泛参与青少年事务的工作格局，推动中国社会工作协会设立青少年事务社会工作委员会。民政部门要切实履行好推进社会工作专业人才队伍建设的有关职能，统筹推进青少年事务社会工作实务发展及队伍建设。财政部门要贯彻落实《关于进一步支持和推动共青团基层组织建设和基层工作的意见》(中青联发〔2012〕20 号)的精神，切实加强对团的基层组织建设和工作的财力保障，将由政府负担的青少年事务社会工作专业人才队伍建设经费纳入财政预算。人力资源社会保障部门要做好岗位设置及配套措施的实施与保障，明确相关事业单位社会工作专业岗位。综治组织要将青少年事务社会工作专业人才队伍建设纳入综治工作考评，推动各项工作任务落到实处。

2. 加大资金投入。要建立健全财政资金、社会资金等共同参与的多元化投入机制，引导社会资金投向青少年事务社会工作服务领域。要按照《关于政府向社会力量购买服务的指导意见》(国办发〔2013〕96号)、《关于政府购买社会工作服务的指导意见》(民发〔2012〕196号)的要求,将青少年事务社会工作服务纳入政府购买支持范围,逐步加大财政投入力度。筹集社会资金设立"中国青少年事务社会工作专业人才基金",支持各地青少年事务社会工作服务机构发展和专业人才队伍建设。利用好各地青少年发展基金,鼓励和支持有条件的企业和个人设立非公募基金会。符合条件的青少年事务社会工作服务机构,按照国家税收法律法规的统一规定享受相关税收优惠政策。

3. 广泛宣传引导。积极宣传加强青少年事务社会工作及其专业人才队伍建设的方针政策,提高各地、各相关部门对发展青少年事务社会工作、加强青少年事务社会工作专业人才队伍建设重要性和必要性的认识。及时宣传、交流和总结、推广各地、各相关部门青少年事务社会工作专业人才队伍建设的新思路、新举措、新经验,积极营造关心支持、理解尊重青少年事务社会工作专业人才的良好社会氛围。对工作成绩突出、群众满意、社会反响良好的先进典型和先进人物,加大宣传报道力度,按照国家有关规定予以表彰奖励。

后　　记

经过一年多的编写,《〈上海市预防未成年人犯罪条例〉释义》(以下简称《预防条例》)终于和广大读者见面了。本书作为本市预防未成年人犯罪领域第一部地方性法规的释义,注重逻辑性、实用性和针对性,使关心和从事预防未成年人犯罪工作的社会各界能准确理解和把握《预防条例》的精神,厘清相关概念和关系。

上海市人大社会建设委员会领导高度重视本书的编写工作,社会建设委员会办公室全力支持本书的策划和编撰工作。上海社会科学院姚建龙同志,华东政法大学肖建国教授、苗伟明教授、田相夏教授在本书的编写和审稿过程中给予了诸多宝贵建议。同济大学孙鉴、郭静文、李鑫鑫、张译天、王宇鹏、张弛等同志参与了书稿的编写工作;孙鉴、张瑾瑜、艾力·阿里木等同志参与了统稿、编辑和校对工作。本书的出版还得到了上海人民出版社的大力帮助。

在此,向所有关心本书编写和出版工作的同志们表示诚挚的敬意和衷心的感谢!

本书编写组

2024 年 2 月

图书在版编目(CIP)数据

《上海市预防未成年人犯罪条例》释义/本书编写组编. —上海:上海人民出版社,2024
ISBN 978-7-208-18826-6

Ⅰ.①上… Ⅱ.①本… Ⅲ.①预防未成年人犯罪法-法律解释-上海 Ⅳ.①D927.510.275

中国国家版本馆 CIP 数据核字(2024)第 062789 号

责任编辑 夏红梅
封面设计 一本好书

《上海市预防未成年人犯罪条例》释义
本书编写组 编

出　　版 上海人民出版社
(201101 上海市闵行区号景路 159 弄 C 座)
发　　行 上海人民出版社发行中心
印　　刷 上海新华印刷有限公司
开　　本 850×1168 1/32
印　　张 8.25
插　　页 2
字　　数 141,000
版　　次 2024 年 4 月第 1 版
印　　次 2024 年 4 月第 1 次印刷
ISBN 978-7-208-18826-6/D·4292
定　　价 50.00 元